dtv
Bibliothek der Erstausgaben

★

Frank Wedekind
Frühlings Erwachen

Frank Wedekind

Frühlings Erwachen

Eine Kindertragödie

Zürich 1891

Herausgegeben von
Joseph Kiermeier-Debre

Deutscher Taschenbuch Verlag

Der Nachdruck des Textes folgt originalgetreu
der Erstausgabe von 1891.
Die Originalpaginierung wird im fortlaufenden Text vermerkt.
Der Anhang gibt Auskunft zu Autor und Werk.

Originalausgabe
April 1997
4. Auflage Februar 2003
Deutscher Taschenbuch Verlag GmbH & Co. KG,
München
www.dtv.de

Umschlagkonzept: Balk & Brumshagen
Umschlagbild: Ausschnitt des Gemäldes
„Blühende Zweige eines Mandelbaumes“ (1890)
von Vincent van Gogh
Gesetzt aus der Bembo Berthold
Satz: Fritz Franz Vogel, CH-Wädenswil
Druck und Bindung: Druckerei C. H. Beck, Nördlingen
Gedruckt auf säurefreiem, chlorfrei gebleichtem Papier
Printed in Germany · ISBN 3-423-02609-X

FRÜHLINGS ERWACHEN
EINE KINDERTRAGÖDIE
VON
Fr. Wedekind
ZÜRICH.
VERLAG VON JEAN GROSS.

ALBERT

Fr. Wedekind.

Frühlings Erwachen.

Eine Kindertragödie.

Zürich.
Verlag von Jean Groß.

Erster Act.

Erste Scene.
Wohnzimmer.

10 Wendla.
Warum hast du mir das Kleid so lang gemacht, Mutter?

Frau Bergmann.
Du wirst vierzehn Jahr heute!

15

Wendla.
Hätt' ich gewußt, daß du mir das Kleid so lang machen werdest, ich wäre lieber nicht vierzehn geworden.

20 Frau Bergmann.
Das Kleid ist nicht zu lang, Wendla. Was willst du denn! Kann ich dafür, daß mein Kind mit jedem Frühjahr wieder zwei Zoll größer ist. Du darfst doch als ausgewachsenes Mädchen nicht in Prinzeßkleidchen einhergehen.

25

Wendla.
Jedenfalls steht mir mein Prinzeßkleidchen besser als diese Nachtschlumpe. – Laß' mich's noch einmal tragen, Mutter! Nur noch den Sommer lang. Ob ich nun vierzehn
30 zähle oder fünfzehn, dies Bußgewand wird mir immer noch recht sein. – Heben wir's auf bis zu meinem

nächsten Geburtstag; jetzt würd' ich doch nur die Litze heruntertreten.

FRAU BERGMANN.
5 Ich weiß nicht, was ich sagen soll. Ich würde dich ja gerne so behalten, Kind, wie du gerade bist. Andere Mädchen sind stakig und plump in deinem Alter. Du |2| bist das Gegentheil. – Wer weiß wie du sein wirst, wenn sich die Andern entwickelt haben.
10

WENDLA.
Wer weiß – vielleicht werde ich n i c h t mehr sein.

FRAU BERGMANN.
15 Kind, Kind, wie kommst du auf die Gedanken!

WENDLA.
Nicht, liebe Mutter; nicht traurig sein!

20 FRAU BERGMANN *(sie küssend).*
Mein einziges Herzblatt!

WENDLA.
Sie kommen mir so des Abends, wenn ich nicht einschla-
25 fe. Mir ist gar nicht traurig, und ich weiß, daß ich dann um so besser schlafe. – Ist es sündhaft, Mutter, über derlei zu sinnen?

FRAU BERGMANN.
30 – Geh' denn und häng' das Bußgewand in den Schrank! Zieh' in Gottes Namen dein Prinzeßkleidchen wieder an!

– Ich werde dir gelegentlich eine Handbreit Volants unten ansetzen.

WENDLA *(das Kleid in den Schrank hängend).*
Nein, da möcht' ich schon lieber gleich vollends zwanzig sein... !

FRAU BERGMANN.
Wenn du nur nicht zu kalt hast! – Das Kleidchen war dir ja seinerzeit reichlich lang; aber ...

WENDLA.
Jetzt, wo der Sommer kommt? – O Mutter, in den Kniekehlen bekommt man auch als Kind keine Diphteritis! Wer wird so kleinmüthig sein. In meinen Jahren friert man noch nicht – am wenigsten an die Beine. Wär's etwa besser, wenn ich zu heiß hätte, Mutter? – Dank' es dem lieben Gott, wenn sich dein Herzblatt nicht eines Morgens die Aermel wegstutzt und dir so zwischen Licht Abends ohne Schuhe und Strümpfe entgegentritt! – Wenn ich mein Bußgewand trage, kleide ich mich darunter wie eine Elfenkönigin. ... Nicht schelten, Mütterchen! Es sieht's dann ja niemand mehr.

|3|

ZWEITE SCENE.
Sonntag Abend.

MELCHIOR.
Das ist mir zu langweilig. Ich mache nicht mehr mit.

OTTO.
Dann können wir Andern nur auch aufhören! – Hast du die Arbeiten, Melchior?

5 MELCHIOR.
Spielt ihr nur weiter!

MORITZ.
Wohin gehst du?

10

MELCHIOR.
Spazieren.

GEORG.
15 Es wird ja dunkel!

ROBERT.
Hast du die Arbeiten schon?

20 MELCHIOR.
Warum soll ich denn nicht im Dunkeln spazieren gehn!

ERNST.
Centralamerika! – Ludwig der Fünfzehnte! – Sechzig
25 Verse Homer! – Sieben Gleichungen!

MELCHIOR.
Verdammte Arbeiten!

30

GEORG.
Wenn nur wenigstens der lateinische Aufsatz nicht auf morgen wäre!

5 MORITZ.
An nichts kann man denken, ohne daß Einem Arbeiten dazwischen kommen!

OTTO.
10 Ich gehe nach Hause.

GEORG.
Ich auch, Arbeiten machen.

15 ERNST.
Ich auch, ich auch.

ROBERT.
Gute Nacht, Melchior.

20

MELCHIOR.
Schlaft wohl!

(Alle entfernen sich bis auf MORITZ *und* MELCHIOR.*)*

25

ME[L]CHIOR.
Möchte doch wissen, wozu wir eigentlich auf der Welt sind!

30 |4| MORITZ.
Lieber wollt' ich ein Droschkengaul sein um der Schule

willen! – Wozu gehen wir in die Schule? – Wir gehen in die Schule, damit man uns examiniren kann! – Und wozu examinirt man uns? – Damit wir durchfallen. – Sieben müssen ja durchfallen, schon weil das Klassenzimmer oben nur sechzig faßt. – Mir ist so eigenthümlich seit Weihnachten ... hol' mich der Teufel, wäre Papa nicht, heut' noch schnürt' ich mein Bündel und ginge nach Altona!

MELCHIOR.
Reden wir von etwas anderem. – *(Sie gehen spazieren.)*

MORITZ.
Siehst du die schwarze Katze dort mit dem emporgereckten Schweif?

MELCHIOR.
Glaubst du an Vorbedeutungen?

MORITZ.
Ich weiß nicht recht. – – Sie kam von drüben her. Es hat nichts zu sagen.

MELCHIOR.
Ich glaube das ist eine Charybdis, in die Jeder stürzt, der sich aus der Scylla religiösen Irrwahns emporgerungen. – – Laß uns hier unter der Buche Platz nehmen. Der Thauwind fegt über die Berge. Jetzt möchte ich droben im Wald eine junge Dryade sein, die sich die ganze lange Nacht in den höchsten Wipfeln wiegen und schaukeln läßt. ...

MORITZ.
Knöpf' dir die Weste auf, Melchior!

MELCHIOR.
5 Ha – wie das Einem die Kleider bläht!

MORITZ.
Es wird weiß Gott so stockfinster, daß man die Hand nicht vor den Augen sieht. Wo bist du eigentlich? – – Glaubst 10 du nicht auch, Melchior, daß das Schamgefühl im Menschen nur ein Product seiner Erziehung ist?

MELCHIOR.
Darüber habe ich erst vorgestern noch nachgedacht. Es 15 scheint mir immerhin tief eingewurzelt in der menschlichen Natur. Denke dir, du solltest dich vollständig entkleiden vor deinem besten Freund. Du wirst es nicht thun, wenn er es |5| nicht zugleich auch thut. – Es ist eben auch mehr oder weniger Modesache.
20

MORITZ.
Ich habe mir schon gedacht, wenn ich Kinder habe, Knaben und Mädchen, so lasse ich sie von früh auf im nämlichen Gemach, wenn möglich auf ein und demsel- 25 ben Lager, zusammenschlafen, lasse sie Morgens und Abends beim An- und Auskleiden einander behülflich sein und in der heißen Jahreszeit, die Knaben sowohl wie die Mädchen, tagsüber nichts als eine kurze, mit einem Lederriemen gegürtete Tunica aus weißem Wollstoff 30 tragen. – Mir ist, sie müßten, wenn sie so heranwachsen, später ruhiger sein, als wir es in der Regel sind.

MELCHIOR.
Das glaube ich entschieden, Moritz! – Die Frage ist nur, wenn die Mädchen Kinder bekommen, was dann?

MORITZ.
Wie so Kinder bekommen?

MELCHIOR.
Ich glaube in dieser Hinsicht nämlich an einen gewissen Instinkt. Ich glaube, wenn man einen Kater zum Beispiel mit einer Katze von Jugend auf zusammensperrt und Beide von jedem Verkehr mit der Außenwelt fernhält, d. h. sie ganz nur ihren eigenen Trieben überläßt – daß die Katze früher oder später doch einmal trächtig wird, obgleich sie sowohl wie der Kater niemand hatten, dessen Beispiel ihnen hätte die Augen öffnen können.

MORITZ.
Bei Thieren muß sich das ja schließlich von selbst ergeben.

MELCHIOR.
Bei Menschen glaube ich erst recht! Ich bitte dich, Moritz, wenn deine Knaben mit den Mädchen auf ein und demselben Lager schlafen und es kommen ihnen nun unversehens die ersten männlichen Regungen – ich möchte mit jedermann eine Wette eingehen. …

MORITZ.
Darin magst du ja Recht haben. – Aber immerhin …

|6| MELCHIOR.
Und bei deinen Mädchen wäre es im entsprechenden Alter vollkommen das nämliche! Nicht daß das Mädchen gerade ... man kann das ja freilich so genau nicht beur-
5 theilen ... jedenfalls wäre vorauszusetzen ...... und die Neugierde würde das Ihrige zu thun auch nicht verabsäumen!

MORITZ.
10 Eine Frage beiläufig –

MELCHIOR.
Nun?

15 MORITZ.
Aber du antwortest?

MELCHIOR.
Natürlich!

20

MORITZ.
Wahr!

MELCHIOR.
25 Meine Hand darauf. – – Nun Moritz?

MORITZ.
Hast du den Aufsatz schon??

30

MELCHIOR.
So sprich doch frisch von der Leber weg! – Hier hört und sieht uns ja niemand.

5 MORITZ.
Selbstverständlich müßten meine Kinder nämlich tagsüber arbeiten, in Hof und Garten, oder sich durch Spiele zerstreuen, die mit körperlicher Anstrengung verbunden sind. Sie müßten reiten, turnen, klettern und vor allen 10 Dingen Nachts nicht so weich schlafen wie wir. Wir sind schrecklich verweichlicht. – Ich glaube, man träumt gar nicht, wenn man hart schläft.

MELCHIOR.
15 Ich schlafe von jetzt bis nach der Weinlese überhaupt nur in meiner Hängematte. Ich habe mein Bett hinter den Ofen gestellt. Es ist zum Zusammenklappen. – Vergangenen Winter träumte mir einmal, ich hätte unsern Lolo so lange gepeitscht, bis er kein Glied mehr rührte. Das war 20 das grauenhafteste, was ich je geträumt habe. – Was siehst du mich so sonderbar an?

MORITZ.
Hast du sie schon empfunden?

25

MELCHIOR.
Was?

MORITZ.
30 Wie sagtest du?

|7| MELCHIOR.
Männliche Regungen?

MORITZ.
M-hm.

MELCHIOR.
– Allerdings!

MORITZ.
Ich auch. – – – – – – – – – –
– – – – – – – – – – – – – – – – –

MELCHIOR.
Ich kenne das nämlich schon lange! – schon bald ein Jahr.

MORITZ.
Ich war wie vom Blitz gerührt.

MELCHIOR.
Du hattest geträumt?

MORITZ.
Aber nur ganz kurz .... von Beinen im himmelblauem Tricot, die über das Katheder steigen – um aufrichtig zu sein, ich dachte, sie wollten hinüber. – Ich habe sie nur flüchtig gesehen.

MELCHIOR.
Georg Zirschnitz träumte von seiner Mutter.

MORITZ.
Hat er dir das erzählt?

MELCHIOR.
Draußen am Galgensteg!

MORITZ.
Wenn du wüßtest, was ich ausgestanden seit jener Nacht!

MELCHIOR.
Gewissensbisse?

MORITZ.
Gewissensbisse?? – – – Todesangst!

MELCHIOR.
Herrgott . . .

MORITZ.
Ich hielt mich für unheilbar. Ich glaubte, ich litte an einem inneren Schaden. – Schließlich wurde ich nur dadurch wieder ruhiger, daß ich meine Lebenserinnerungen aufzuzeichnen begann. Ja ja, lieber Melchior, die letzten drei Wochen waren mein Gethsemane.

MELCHIOR.
Ich war seinerzeit mehr oder weniger darauf gefaßt gewesen. Ich schämte mich ein wenig. – Das war aber auch alles.

|8| MORITZ.
Und dabei bist du noch fast um ein ganzes Jahr jünger als ich!

5 MELCHIOR.
Darüber, Moritz, würd' ich mir keine Gedanken machen. All' meinen Erfahrungen nach besteht für das erste Auftauchen der Phantome keine bestimmte Altersstufe. Kennst du den großen Lämmermeier mit dem strohgel-
10 ben Haar und der Adlernase? Drei Jahre ist der älter als ich. Hänschen Rilow sagt, der träume noch bis heute von nichts als Sandtorten und Aprikosengélée.

MORITZ.
15 Ich bitte dich, wie kann Hänschen Rilow darüber urtheilen.

MELCHIOR.
Er hat ihn gefragt.

20

MORITZ.
Er hat ihn gefragt? – Ich hätte mich nicht getraut, jemanden zu fragen.

25 MELCHIOR.
Du hast mich doch auch gefragt.

MORITZ.
Weiß Gott ja! – Möglicherweise hatte Hänschen auch
30 schon sein Testament gemacht. – Wahrlich ein sonderbares Spiel, das man mit uns treibt. Und dafür sollen wir uns

dankbar erweisen! Ich erinnere mich nicht, je eine Sehnsucht nach dieser Art Aufregungen verspürt zu haben. Warum hat man mich nicht schlafen lassen, bis alles wieder still gewesen wäre. Meine lieben Eltern hätten hundert bessere Kinder haben können. So bin ich nun hergekommen, ich weiß nicht wie, und soll mich dafür verantworten, daß ich nicht weggeblieben bin. – Hast du nicht auch schon darüber nachgedacht, Melchior, auf welche Art und Weise wir eigentlich in den Strudel hineingerathen?

MELCHIOR.
Du weißt das also noch nicht, Moritz?

MORITZ.
Wie sollt' ich es wissen? – Ich sehe, wie die Hühner Eier legen, und höre, daß mich Mama unter dem Herzen getragen haben will. Aber genügt denn das? – Ich erinnere |9| mich auch, als fünfjähriges Kind schon befangen worden zu sein, wenn einer die decolletirte Coeurdame aufschlug. Dieses Gefühl hat sich verloren. Indessen kann ich heute kaum mehr mit irgend einem Mädchen sprechen, ohne etwas Verabscheuenswürdiges dabei zu denken, und – ich schwöre dir, Melchior – ich weiß nicht w a s.

MELCHIOR.
Ich sage dir alles. – Ich habe es theils aus Büchern, theils aus Illustrationen, theils aus Beobachtungen in der Natur. Du wirst überrascht sein; ich wurde seinerzeit Atheist. Ich habe es auch Georg Zirschnitz gesagt! Georg Zirschnitz wollte es Hänschen Rilow sagen, aber Hänschen Rilow

hatte als Kind schon alles von seiner Gouvernante erfahren.

MORITZ.
Ich habe den Kleinen Meyer von A bis Z durchgenommen. Worte – nichts als Worte und Worte! Nicht eine einzige schlichte Erklärung. O dieses Schamgefühl! – Was soll mir ein Conversationslexikon, das auf die nächstliegende Lebensfrage nicht antwortet.

MELCHIOR.
– Hast du schon einmal zwei Hunde über die Straße laufen sehen?

MORITZ.
Nein! – – Sag mir heute lieber noch nichts, Melchior. Ich habe noch Mittelamerika und Ludwig den Fünfzehnten vor mir. Dazu die sechzig Verse Homer, die sieben Gleichungen, der lateinische Aufsatz – ich würde morgen wieder überall abblitzen. Um mit Erfolg büffeln zu können, muß ich stumpfsinnig wie ein Ochse sein.

MELCHIOR.
Komm doch mit auf mein Zimmer. In dreiviertel Stunden habe ich den Homer, die Gleichungen und zwei Aufsätze. Ich corrigire dir einige harmlose Schnitzer hinein, so ist die Sache im Blei. Mama braut uns wieder eine Limonade und wir plaudern gemüthlich über die Fortpflanzung.

MORITZ.
Ich kann nicht. – Ich kann nicht gemüthlich über die

Fortpflanzung plaudern! Wenn du mir einen Gefallen |10| thun willst, dann gieb mir deine Unterweisungen schriftlich. Schreib' mir auf, was du weißt. Schreib' es möglichst kurz und klar und steck' es mir morgen während der Turnstunde zwischen die Bücher. Ich werde es nach Hause tragen, ohne zu wissen, daß ich es habe. Ich werde es unverhofft einmal wiederfinden. Ich werde nicht umhinkönnen, es müden Auges zu durchfliegen . . . falls es unumgänglich nothwendig ist, magst du ja auch einzelne Randzeichnungen anbringen.

MELCHIOR.
Du bist wie ein Mädchen. – Uebrigens wie du willst! Es ist mir das eine ganz interessante Arbeit. – – Eine Frage, Moritz.

MORITZ.
Hm?

MELCHIOR.
– Hast du schon einmal ein Mädchen gesehen?

MORITZ.
Ja!

MELCHIOR.
Aber ganz?!

MORITZ.
Vollständig!

MELCHIOR.
Ich nämlich auch! – Dann werden keine Illustrationen nöthig sein.

MORITZ.
Während des Schützenfestes, in Leilich's anatomischem Museum! Wenn es aufgekommen wäre, hätte man mich aus der Schule gejagt. – Schön wie der lichte Tag, und – o so naturgetreu!

MELCHIOR.
Ich war letzten Sommer mit Mama in Frankfurt – – Du willst schon gehen, Moritz?

MORITZ.
Arbeiten machen. – Gute Nacht.

MELCHIOR.
Auf Wiedersehen.

|11|

DRITTE SCENE.

THEA, WENDLA *und* MARTHA *kommen Arm in Arm die Straße herauf.*

MARTHA.
Wie Einem das Wasser in's Schuhwerk dringt!

WENDLA.
Wie Einem der Wind um die Wangen saust!

THEA.
Wie Einem das Herz hämmert!

WENDLA.
5 Geh'n wir zur Brücke hinaus! Ilse sagte, der Fluß führe Sträucher und Bäume. Die Jungens haben ein Floß auf dem Wasser. Melchi Gabor soll gestern Abend beinah' ertrunken sein.

10 THEA.
O der kann schwimmen!

MARTHA.
Das will ich meinen, Kind!

15

WENDLA.
Wenn er nicht hätte schwimmen können, wäre er wohl sicher ertrunken!

20 THEA.
Dein Zopf geht auf, Martha; dein Zopf geht auf!

MARTHA.
Puh – laß ihn aufgehn! Er ärgert mich so Tag und Nacht.
25 Kurze Haare tragen wie du darf ich nicht, das Haar offen tragen wie Wendla darf ich nicht, Ponyhaare tragen darf ich nicht und zu Hause muß ich mir gar die Frisur machen – alles der Tanten wegen!

30 WENDLA.
Ich bringe morgen eine Scheere mit in die Religionsstun-

de. Während du „Wohl dem, der nicht wandelt“ recitirst, werd’ ich ihn abschneiden.

MARTHA.
5 Um Gottes Willen, Wendla! Papa schlägt mich krumm und Mama sperrt mich drei Nächte in’s Kohlenloch.

WENDLA.
Womit schlägt er dich, Martha?

10

MARTHA.
Manchmal ist mir, es müßte ihnen doch etwas abgehen, wenn sie keinen so schlechtgearteten Balg hätten.

15 THEA.
Aber Mädchen!

|12| MARTHA.
Hast du dir nicht auch ein himmelblaues Band durch die
20 Hemdpasse ziehen dürfen?

THEA.
Rosa Atlas! Mama behauptet, Rosa stehe mir bei meinen pechschwarzen Augen.

25

MARTHA.
Mir stand Blau reizend! – Mama riß mich am Zopf zum Bett heraus. So – fiel ich mit den Händen vorauf auf die Diele. – Mama betet Abend für Abend mit uns. …

30

WENDLA.
Ich an deiner Stelle wäre ihnen längst in die Welt hinausgelaufen.

5 MARTHA.
... Da habe man's, worauf ich ausgehe! – Da habe man's ja! – Aber sie wolle sehen – o sie wolle noch sehen! – Meiner Mutter wenigstens solle ich einmal keine Vorwürfe machen können. ...

10

THEA.
Hu – Hu –

MARTHA.
15 Kannst du dir denken, Thea, was Mama damit meinte?

THEA.
Ich nicht. – Du Wendla?

20 WENDLA.
Ich hätte sie einfach gefragt.

MARTHA.
Ich lag auf der Erde und schrie und heulte. Da kommt
25 Papa. Ritsch – das Hemd herunter. Ich zur Thüre hinaus. Da habe man's! Ich wolle nun wohl so auf die Straße hinunter. ...

WENDLA.
30 Das ist nicht wahr, Martha.

MARTHA.
Ich fror. Ich schloß auf. Ich habe die ganze Nacht im Sack schlafen müssen.

5 THEA.
Ich könnte meiner Lebtag in keinem Sack schlafen!

WENDLA.
Ich möchte ganz gern mal für dich in deinem Sack schlafen.

10

MARTHA.
Wenn man nur nicht geschlagen wird!

|13| THEA.
15 Aber man erstickt doch darin!

MARTHA.
Der Kopf bleibt frei. Unter dem Kinn wird zugebunden.

20 THEA.
Und dann schlagen sie dich?

MARTHA.
Nein. Nur wenn etwas Besonderes vorliegt.

25

WENDLA.
Womit schlägt man dich, Martha?

MARTHA.
30 Ach was – mit allerhand. – Hält es deine Mutter auch für unanständig, im Bett ein Stück Brod zu essen?

WENDLA.
Nein, nein.

MARTHA.
5 Ich glaube immer, sie haben doch ihre Freude – wenn sie auch nichts davon sagen. – Wenn ich einmal Kinder habe, ich lasse sie aufwachsen wie das Unkraut in unserem Blumengarten. Um das kümmert sich Niemand und es steht so hoch, so dicht – während die Rosen in den Beeten 10 an ihren Stöcken mit jedem Sommer kümmerlicher blüh'n.

THEA.
Wenn ich Kinder habe, kleid' ich sie ganz in Rosa. 15 Rosahüte, Rosakleidchen, Rosaschuhe. Nur die Strümpfe – die Strümpfe schwarz wie die Nacht! Wenn ich dann spazieren gehe, laß ich sie vor mir hermarschiren. – Und du, Wendla?

20 WENDLA.
Wißt ihr denn, ob ihr welche bekommt?

THEA.
Warum sollten wir keine bekommen?

25

MARTHA.
Tante Euphemia hat allerdings auch keine.

THEA.
30 Gänschen! – weil sie nicht v e r h e i r a t h e t ist.

WENDLA.
Tante Bauer war dreimal verheirathet und hat nicht ein einziges.

5 MARTHA.
– Wenn du welche bekommst, Wendla, was möchtest du lieber, Knaben oder Mädchen?

WENDLA.
10 Jungens! Jungens!

THEA.
Ich auch Jungens!

15 |14| MARTHA.
Ich auch. Lieber zwanzig Jungens als drei Mädchen.

THEA.
Mädchen sind langweilig!

20

MARTHA.
Wenn ich nicht schon ein Mädchen geworden wäre, ich würde es heute gewiß nicht mehr.

25 WENDLA.
Das ist, glaube ich, Geschmacksache, Martha! Ich freue mich jeden Tag, daß ich Mädchen bin. Glaub' mir, ich wollte mit keinem Königssohn tauschen. – Darum möchte ich aber doch nur Buben!

30

THEA.
Das ist doch Unsinn, lauter Unsinn, Wendla!

WENDLA.
Aber ich bitte dich, Kind, es muß doch tausendmal erhebender sein, von einem Manne geliebt zu werden, als von einem Mädchen!

THEA.
Du wirst doch nicht behaupten wollen, Forstreferendär Pfälle liebe Melitta mehr als sie ihn!

WENDLA.
Das will ich wohl, Thea! – Pfälle ist stolz. Pfälle ist stolz darauf, daß er Forstreferendär ist – denn Pfälle hat nichts. – Melitta ist *selig*, weil sie zehntausendmal mehr bekommt, als sie ist.

MARTHA.
Bist du nicht stolz auf dich, Wendla?

WENDLA.
Das wäre doch einfältig.

MARTHA.
Wie wollt' ich stolz sein an deiner Stelle!

THEA.
Sieh' doch nur, wie sie die Füße setzt – wie sie geradaus schaut – wie sie sich hält, Martha! – Wenn das nicht Stolz ist!

WENDLA.
Wozu nur?! Ich bin so glücklich, Mädchen zu sein; wenn ich kein Mädchen wär', brächt' ich mich um, um das nächste Mal ...

MELCHIOR. *(Geht vorüber und grüßt.)*

THEA.
Er hat einen wundervollen Kopf.

|15| MARTHA.
So denke ich mir den jungen Alexander als er zu Aristoteles in die Schule ging.

THEA.
Du lieber Gott, die griechische Geschichte! – Ich weiß nur noch, wie Sokrates in der Tonne lag, als ihm Alexander den Eselsschatten verkaufte.

WENDLA.
Er soll der Drittbeste in seiner Klasse sein.

THEA.
Professor Knochenbruch sagt, wenn er wollte, könnte er Primus sein.

MARTHA.
Er hat eine schöne Stirne, aber sein Freund hat einen seelenvolleren Blick.

THEA.
Moritz Stiefel? – Ist das eine Schlafmütze!

MARTHA.
5 Ich habe mich immer ganz gut mit ihm unterhalten.

THEA.
Er blamirt Einen, wo man ihn trifft. Auf dem Kinderball bei Rilow's bot er mir Pralinée's an. Denke dir, Wendla,
10 die waren weich und warm. Ist das nicht . . . ? – Er sagte, er habe sie zu lang in der Hosentasche gehabt.

WENDLA.
Denke dir, Melchi Gabor sagte mir damals, er glaube an
15 nichts – nicht an Gott, nicht an ein Jenseits – an gar nichts mehr in dieser Welt.

VIERTE SCENE.

20 *Parkanlagen vor dem Gymnasium.* – MELCHIOR, OTTO, GEORG, ROBERT, HÄNSCHEN RILOW, LÄMMERMEIER.

MELCHIOR.
Kann mir einer von euch sagen, wo Moritz Stiefel steckt?
25

GEORG.
Dem kann's schlecht geh'n! – O dem kann's schlecht ge'hn! [geh'n!]

30 |16| OTTO.
Der treibt's so lange, bis er noch mal ganz gehörig 'reinfliegt!

LÄMMERMEIER.
Weiß der Kuckuck, ich möchte in diesem Moment nicht in seiner Haut stecken!

ROBERT.
Eine Frechheit! – Eine Unverschämtheit!

MELCHIOR.
Wa – wa – was wißt ihr denn?

GEORG.
Was wir wissen? – Na, ich sage dir ...

LÄMMERMEIER.
Ich möchte nichts gesagt haben!

OTTO.
Ich auch nicht – weiß Gott nicht!

MELCHIOR.
Wenn ihr jetzt nicht sofort ...

ROBERT.
Kurz und gut, Moritz Stiefel ist in's Conferenzzimmer gedrungen.

MELCHIOR.
In's Conferenzzimmer ... ?

OTTO.
In's Conferenzzimmer! – Gleich nach Schluß der Lateinstunde.

GEORG.
Er war der letzte; er blieb absichtlich zurück.

LÄMMERMEIER.
Als ich um die Corridorecke bog, sah ich ihn die Thür öffnen.

MELCHIOR.
Hol' dich der . . . !

LÄMMERMEIER.
Wenn nur ihn nicht der Teufel holt!

GEORG.
Vermuthlich hatte das Rectorat den Schlüssel nicht abgezogen.

ROBERT.
Oder Moritz S[t]iefel führt einen Dietrich.

OTTO.
Ihm wäre das zuzutrauen.

LÄMMERMEIER.
Wenn's gut geht, bekommt er einen Sonntagnachmittag.

ROBERT.
Nebst einer Bemerkung in's Zeugniß!

OTTO.
5 Wenn er bei dieser Censur nicht ohnehin in die Luft fliegt.

|17| HÄNSCHEN RILOW.
Da ist er!

10

MELCHIOR.
Blaß wie ein Handtuch.

(MORITZ *kommt in äußerster Aufregung.)*

15

LÄMMERMEIER.
Moritz, Moritz, was du gethan hast!

MORITZ.
20 – – Nichts – – nichts – – –

ROBERT.
Du fieberst!

25 MORITZ.
– Vor Glück – vor Seligkeit – vor Herzensjubel –

OTTO.
Du bist erwischt worden?!

30

MORITZ.
Ich bin promovirt! – Melchior, ich bin promovirt! – O jetzt kann die Welt untergehn! – Ich bin promovirt! – Wer hätte geglaubt, daß ich promovirt werde! – Ich faß' es noch nicht! – Zwanzig Mal hab' ich's gelesen! – Ich kann's nicht glauben – du großer Gott, es blieb! – Es blieb! Ich bin promovirt! – *(lächelnd)* Ich weiß nicht – so sonderbar ist mir – der Boden dreht sich... Melchior, Melchior, wüßtest du, was ich durchgemacht!

HÄNSCHEN RILOW.
Ich gratulire, Moritz. – Sei nur froh, daß du so weggekommen!

MORITZ.
Du weißt nicht, Hänschen, du ahnst nicht, was auf dem Spiel stand. Seit drei Wochen schleiche ich an der Thür vorbei wie am Höllenschlund. Da sehe ich heute, sie ist angelehnt. Ich glaube, wenn man mir eine Million geboten hätte – nichts, o nichts hätte mich zu halten vermocht! – Ich stehe mitten im Zimmer – ich schlage das Protocoll auf – blättere – finde – – und während all der Zeit... Mir schaudert –

MELCHIOR.
... während all der Zeit?

MORITZ.
Während all der Zeit steht die Thür hinter mir sperrangelweit offen. – Wie ich heraus ... wie ich die Treppe heruntergekommen, weiß ich nicht.

|18| HÄNSCHEN RILOW.
– Wird Ernst Röbel auch promovirt?

MORITZ.
5 O gewiß, Hänschen, gewiß! – Ernst Röbel wird gleichfalls promovirt.

ROBERT.
Dann mußt du schon nicht richtig gelesen haben. Die
10 Eselsbank abgerechnet zählen wir mit dir und Röbel zusammen einundsechzig, während oben das Klassenzimmer mehr als sechzig nicht fassen kann.

MORITZ.
15 Ich habe vollkommen richtig gelesen. Ernst Röbel wird so gut versetzt wie ich – beide allerdings vorläufig nur provisorisch. Während des ersten Quartals soll es sich dann herausstellen, wer dem andern Platz zu machen hat. – Armer Röbel! – Weiß der Himmel, mir ist um mich
20 nicht mehr bange. Ich habe diesmal zu tief hinunterblickt.

OTTO.
Ich wette fünf Mark, daß du Platz machst.

25 MORITZ.
Du hast ja nichts. Ich will dich nicht ausrauben. – Herrgott, werd' ich büffeln von heute an! – Jetzt kann ich's ja sagen – mögt ihr daran glauben oder nicht – jetzt ist ja alles gleichgültig – ich – ich weiß, wie wahr es ist: Wenn
30 ich nicht promovirt worden wäre, hätte ich mich erschossen.

ROBERT.
Prahlhans!

GEORG.
5 Der Hasenfuß!

OTTO.
Dich hätte ich schießen sehen mögen!

10 LÄMMERMEIER.
Eine Maulschelle drauf!

MELCHIOR. *(giebt ihm eine)*
– – Komm, Moritz. Gehn wir zum Försterhaus!

15

GEORG.
Glaubst du vielleicht an den Schnak?

MELCHIOR.
20 Scheert dich das? – – Laß sie schwatzen, Moritz! Fort, nur fort, zur Stadt hinaus!

(Die Professoren HUNGERGURT *und* KNOCHENBRUCH *gehen vorüber.)*

25

|19| KNOCHENBRUCH.
Mir unbegreiflich, verehrter Herr Collega, wie sich der beste meiner Schüler gerade zum allerschlechtesten so hingezogen fühlen kann.

30

HUNGERGURT.
Mir auch, verehrter Herr Collega.

5

FÜNFTE SCENE.

Sonniger Nachmittag. – MELCHIOR *und* WENDLA *begegnen einander im Wald.*

MELCHIOR.
10 Bist du's wirklich, Wendla? – Was thust denn du so allein hier oben? – Seit drei Stunden durchstreife ich den Wald die Kreuz und Quer ohne daß mir eine Seele begegnet, und nun plötzlich trittst du mir aus dem dichtesten Dickicht entgegen!

15

WENDLA.
Ja, ich bin's.

MELCHIOR.
20 Wenn ich dich nicht als Wendla Bergmann kennte, ich hielte dich für eine Dryade, die aus den Zweigen gefallen.

WENDLA.
Nein, nein, ich bin Wendla Bergmann. – Wo kommst du
25 denn her?

MELCHIOR.
Ich gehe meinen Gedanken nach.

30 WENDLA.
Ich suche Waldmeister. Mama will Maitrank bereiten.

Anfangs wollte sie selbst mitgeh'n, aber im letzten Augenblick kam Tante Bauer noch und die steigt nicht gern. – So bin ich denn allein heraufgekommen.

5 MELCHIOR.
Hast du deinen Waldmeister schon?

WENDLA.
Den ganzen Korb voll. Drüben unter den Buchen steht
10 er dicht wie Mattenklee. – Jetzt sehe ich mich |20| nämlich nach einem Ausweg um. Ich scheine mich verirrt zu haben. Kannst du mir vielleicht sagen, wie viel Uhr es ist?

MELCHIOR.
15 Eben halbvier vorbei. – Wann erwartet man dich?

WENDLA.
Ich glaubte es wäre später. Ich lag eine ganze Weile am Goldbach im Moose und habe geträumt. Die Zeit verging
20 mir so rasch; ich fürchtete, es wolle schon Abend werden.

MELCHIOR.
Wenn man dich noch nicht erwartet, dann laß uns hier noch ein wenig lagern. Unter der Eiche dort ist mein
25 Lieblingsplätzchen. Wenn man den Kopf an den Stamm zurücklehnt und durch die Aeste in den Himmel starrt, wird man hypnotisirt. Der Boden ist noch warm von der Morgensonne. – Schon seit Wochen wollte ich dich etwas fragen, Wendla.

30

WENDLA.
Aber vor fünf muß ich zu Hause sein.

MELCHIOR.
Wir gehen dann zusammen. Ich nehme den Korb und wir schlagen den Weg durch die Runse ein, so sind wir in zehn Minuten schon auf der Brücke! – Wenn man so daliegt, die Stirn in die Hand gestützt, kommen Einem die sonderbarsten Gedanken ...

(Beide lagern sich unter der Eiche.)

WENDLA.
Was wolltest du mich fragen, Melchior?

MELCHIOR.
Ich habe gehört, Wendla, du gehest häufig zu armen Leuten. Du brächtest ihnen Essen, auch Kleider und Geld. Thust du das aus eigenem Antriebe oder schickt deine Mutter dich?

WENDLA.
Meistens schickt mich die Mutter. Es sind arme Taglöhnerfamilien, die eine Unmenge Kinder haben. Oft findet der Mann keine Arbeit, dann frieren und hungern sie. Bei uns liegt aus früherer Zeit noch so mancherlei in Schränken und Kommoden, das nicht mehr gebraucht wird. – Aber wie kommst du darauf?

|21| MELCHIOR.
Gehst du gern oder ungern, wenn deine Mutter dich sowohin schickt?

WENDLA.
O für mein Leben gern! – Wie kannst du fragen!

MELCHIOR.
5 Aber die Kinder sind schmutzig, die Frauen sind krank, die Wohnungen strotzen von Unrath, die Männer hassen dich, weil du nicht arbeitest...

WENDLA.
10 Das ist nicht wahr, Melchior. Und wenn es wahr wäre, ich würde erst recht gehen!

MELCHIOR.
Wieso erst recht, Wendla?

15

WENDLA.
Ich würde erst recht hingehn. – Es würde mir noch vielmehr Freude bereiten, ihnen helfen zu können.

20 MELCHIOR.
Du gehst also um deiner Freude willen zu den armen Leuten?

WENDLA.
25 Ich gehe zu ihnen, weil sie arm sind.

MELCHIOR.
Aber wenn es dir keine Freude wäre, würdest du nicht gehen?

30

WENDLA.
Kann ich denn dafür, daß es mir Freude macht?

MELCHIOR.
Und doch sollst du dafür in den Himmel kommen! – So ist es also richtig, was mir nun seit einem Monat keine Ruhe mehr läßt! – Kann der Geizige dafür, daß es ihm keine Freude macht, zu schmutzigen kranken Kindern zu gehen?

WENDLA.
O dir würde es sicher die größte Freude sein!

MELCHIOR.
Und doch soll er dafür des ewigen Todes sterben! – Ich werde eine Abhandlung schreiben und sie Herrn Pastor Kahlbauch einschicken. Er ist die Veranlassung. Was faselt er uns von Opfer-Freudigkeit! – Wenn er mir nicht antworten kann, gehe ich nicht mehr in die Kinderlehre und lasse mich nicht confirmiren.

|22| WENDLA.
Warum willst du deinen lieben Eltern den Kummer bereiten! Laß dich doch confirmiren; den Kopf kostet's dich nicht. Wenn unsere schrecklichen weißen Kleider und eure Schlepphosen nicht wären, würde man sich vielleicht noch dafür begeistern können.

MELCHIOR.
Es giebt keine Aufopferung! Es giebt keine Selbstlosigkeit! – Ich sehe die Guten sich ihres Herzens freu'n, sehe die Schlechten beben und stöhnen – ich sehe dich, Wendla

Bergmann deine Locken schütteln und lachen und mir wird so ernst dabei wie einem Geächteten. – – Was hast du vorhin geträumt, Wendla, als du am Goldbach im Grase lagst?

5

WENDLA.
– Dummheiten – Narreteien –

MELCHIOR.
10 Mit offenen Augen?!

WENDLA.
Mir träumte, ich wäre ein armes, armes Bettelkind, ich würde früh fünf schon auf die Straße geschickt, ich müßte 15 betteln den ganzen langen Tag in Sturm und Wetter, unter hartherzigen, rohen Menschen. Und käm' ich Abends nach Hause, zitternd vor Hunger und Kälte, und hätte so viel Geld nicht wie mein Vater verlangt, dann würd' ich geschlagen – geschlagen –

20

MELCHIOR.
Das kenne ich, Wendla. Das hast du den albernen Kindergeschichten zu danken. Glaub' mir, so brutale Menschen existiren nicht mehr.

25

WENDLA.
O doch, Melchior, du irrst. – Martha Bessel wird Abend für Abend geschlagen, daß man andern Tags Striemen sieht. O was die leiden muß! Siedendheiß wird es Einem, 30 wenn sie erzählt. Ich bedaure sie so furchtbar, ich muß oft mitten in der Nacht in die Kissen weinen. Seit

Monaten denke ich darüber nach, wie man ihr helfen kann. – Ich wollte mit Freuden einmal acht Tage an ihrer Stelle sein.

5 |23| MELCHIOR.
Man sollte den Vater kurzweg verklagen. Dann würde ihm das Kind weggenommen.

WENDLA.
10 Ich, Melchior, bin in meinem Leben nie geschlagen worden – nicht ein einziges Mal. Ich kann mir kaum denken wie das thut, geschlagen zu werden. Ich habe mich schon selber geschlagen, um zu erfahren, wie Einem dabei um's Herz wird. – Es muß ein grauenvolles Gefühl sein.

15

MELCHIOR.
Ich glaube nicht, daß je ein Kind dadurch besser wird.

WENDLA.
20 Wodurch besser wird?

MELCHIOR.
Daß man es schlägt.

25 WENDLA.
– Mit dieser Gerte zum Beispiel! – Hu, ist die zäh und dünn.

MELCHIOR.
30 Die zieht Blut!

WENDLA.
Würdest du mich nicht einmal damit schlagen?

MELCHIOR.
5 Wen?

WENDLA.
Mich.

10 MELCHIOR.
Was fällt dir ein, Wendla!

WENDLA.
Was ist denn dabei!

15

MELCHIOR.
O sei ruhig! – Ich schlage dich nicht.

WENDLA.
20 Wenn ich dir's doch erlaube!

MELCHIOR.
Nie Mädchen!

25 WENDLA.
Aber wenn ich dich darum bitte, Melchior!

MELCHIOR.
Bist du nicht bei Verstand?

30

WENDLA.
Ich bin in meinem Leben nicht geschlagen worden!

MELCHIOR.
5 Wenn du um so etwas bitten kannst . . . !

WENDLA.
– Bitte – bitte –

10 MELCHIOR.
Ich will dich bitten lehren! – *(er schlägt sie)*

|24| WENDLA.
Ach Gott – ich spüre nicht das Geringste!

15

MELCHIOR.
Das glaub' ich dir – – durch all' deine Röcke durch . . . .

WENDLA.
20 So schlag' mich doch an die Beine!

MELCHIOR.
Wendla! – *(er schlägt sie stärker)*

25 WENDLA.
Du streichelst mich ja! – Du streichelst mich!

MELCHIOR.
Wart' Hexe, ich will dir den Satan austreiben!

30

(Er wirft den Stock bei Seite und schlägt derart mit den Fäusten

d'rein, daß sie in ein fürchterliches Geschrei ausbricht. Er kehrt sich nicht daran, sondern drischt wie wüthend auf sie los, während ihm die dicken Thränen über die Wangen rinnen. Plötzlich springt er empor, faßt sich mit beiden Händen an die Schläfen und stürzt, aus tiefster Seele jammervoll aufschluchzend, in den Wald hinein.)

Zweiter Act.

Erste Scene.

Abend auf Melchior's Studierzimmer. Das Fenster steht offen, die Lampe brennt auf dem Tisch. – Melchior *und* Moritz *auf dem Kanapee.*

Moritz.

Jetzt bin ich wieder ganz munter, nur etwas aufgeregt. – Aber in der Griechischstunde habe ich doch geschlafen wie der besoffene Poliphem. Nimmt mich Wunder, daß mich der alte Zungenschlag nicht in die Ohren gezwickt. – Heut früh wäre ich um ein Haar noch zu spät gekommen. – Mein erster Gedanke beim Erwachen waren die Verba auf μι. – Himmel-Herrgott-Teufel-Donnerwetter, während des Frühstücks und den Weg entlang habe ich conjungirt, daß mir grün vor den Augen wurde. Kurz nach drei muß ich abgeschnappt sein. Die Feder hat mir noch einen Klex in's Buch gemacht. Die Lampe qualmte als Mathilde mich weckte; in den Fliederbüschen unter dem Fenster zwitscherten die Amseln so lebensfroh – mir ward gleich wieder unsagbar melancholisch zu Muthe. Ich band mir den Kragen um und fuhr mit der Bürste durch's Haar. – – Aber man fühlt sich, wenn man seiner Natur etwas abgerungen!

MELCHIOR.
Darf ich dir eine Cigarette drehen?

MORITZ.
5 Danke, ich rauche nicht. – Wenn es nun nur so weiter geht! Ich will arbeiten und arbeiten bis mir die Augen zum Kopf herausplatzen. – Ernst Röbel hat seit den Ferien |26| schon sechsmal nichts gekonnt; dreimal im Griechischen, zweimal bei Knochenbruch; das letztemal in der
10 Literaturgeschichte. Ich war erst fünfmal in der bedauernswerthen Lage; und von heute ab kommt es überhaupt nicht mehr vor! – Röbel erschießt sich nicht. Röbel hat keine Eltern, die ihm ihr Alles opfern. Er kann, wann er will, Söldner, Kawboy oder Matrose werden. Wenn ich
15 durchfalle, rührt meinen Vater der Schlag und Mama kommt in's Irrenhaus. So was erlebt man nicht! – Vor dem Examen habe ich zu Gott gefleht, er möge mich schwindsüchtig werden lassen, auf daß der Kelch ungenossen vorübergehe. Er ging vorüber – wenngleich mir auch
20 heute noch seine Aureole aus der Ferne entgegenleuchtet, daß ich Tag und Nacht den Blick nicht zu heben wage. – Aber nun ich die Stange erfaßt, werde ich mich auch hinaufschwingen. Dafür bürgt mir die unabänderliche Consequenz, daß ich nicht stürze ohne das Genick zu
25 brechen.

MELCHIOR.
Das Leben ist von einer ungeahnten Gemeinheit. Ich hätte nicht übel Lust, mich in die Zweige zu hängen. –
30 Wo Mama mit dem Thee nur bleibt!

MORITZ.
Dein Thee wird mir gut thun, Melchior! – Ich zitt're nämlich. Ich fühle mich so eigenthümlich vergeistert. Betaste mich bitte mal. Ich sehe – ich höre – ich fühle viel deutlicher – und doch alles so traumhaft – o so stimmungsvoll. – Wie sich dort im Mondschein der Garten dehnt, so still, so tief als ging er in's Unendliche. – Unter den Büschen treten umflorte Gestalten hervor, huschen in athemloser Geschäftigkeit über die Lichtungen und verschwinden im Halbdunkel. Mir scheint, unter dem Kastanienbaum soll eine Rathsversammlung gehalten werden. – Wollen wir nicht hinunter, Melchior?

MELCHIOR.
Warten wir, bis wir Thee getrunken.

MORITZ.
– Die Blätter flüstern so emsig. – Es ist als hörte ich Großmutter selig die Geschichte von der „Königin ohne |27| Kopf" erzählen. – Das war eine wunderschöne Königin, schön wie die Sonne, schöner als alle Mädchen im Land. Nur war sie leider ohne Kopf auf die Welt gekommen. Sie konnte nicht essen, nicht trinken, konnte nicht sehen, nicht lachen und auch nicht küssen. Sie vermochte sich mit ihrem Hofstaat nur durch ihre kleine weiche Hand zu verständigen. Mit den zierlichen Füssen strampelte sie Kriegserklärungen und Todesurtheile. Da wurde sie eines Tages von einem Könige besiegt, der zufällig zwei Köpfe hatte, die sich das ganze Jahr in den Haaren lagen und dabei so aufgeregt disputirten, daß keiner den andern zu Wort kommen ließ. Der Oberhofzauberer nahm nun den kleineren der

beiden und setzte ihn der Königin auf. Und siehe, er stand ihr vortrefflich. Darauf heirathete der König die Königin, und die Beiden lagen einander nun nicht mehr in den Haaren, sondern küßten einander auf Stirn, auf Wangen und Mund und lebten noch lange lange Jahre glücklich und in Freuden. ... Verwünschter Unsinn! Seit den Ferien kommt mir die kopflose Königin nicht aus dem Kopf. Wenn ich ein schönes Mädchen sehe, seh' ich es ohne Kopf – und erscheine mir dann plötzlich selber als kopflose Königin. ... Möglich, daß mir nochmal einer aufgesetzt wird.

(FRAU GABOR *kommt mit dem dampfenden Thee, den sie vor* MORITZ *und* MELCHIOR *auf den Tisch setzt.)*

FRAU GABOR.
Hier Kinder, laßt es euch munden. – Guten Abend, Herr Stiefel; wie geht es Ihnen?

MORITZ.
Danke Frau Gabor. – Ich belausche den Reigen dort unten.

FRAU GABOR.
Sie sehen aber gar nicht gut aus. – Fühlen Sie sich nicht wohl?

MORITZ.
Es hat nichts zu sagen. Ich bin die letzten Abende etwas spät zu Bett gekommen.

|28| MELCHIOR.
Denke dir, er hat die ganze Nacht durch gearbeitet.

FRAU GABOR.
Sie sollten so etwas nicht thun, Herr Stiefel. Sie sollten sich schonen. Bedenken Sie Ihre Gesundheit, [.] Die Schule ersetzt Ihnen die Gesundheit nicht. – Fleißig spazieren geh'n in der frischen Luft! Das ist in Ihren Jahren mehr werth als ein correctes Mittelhochdeutsch.

MORITZ.
Ich werde fleißig spazieren geh'n. Sie haben recht. Man kann auch während des Spazierengehens fleißig sein. Daß ich noch selbst nicht auf den Gedanken gekommen! – Die schriftlichen Arbeiten müßte ich immerhin zu Hause machen.

MELCHIOR.
Das Schriftliche machst du bei mir; so wird es uns Beiden leichter. – – Du weißt ja, Mama, daß Max von Trenk am Nervenfieber darniederlag! – Heute Mittag kommt Hänschen Rilow von Trenk's Todtenbett zu Rector Sonnenstich, um anzuzeigen, daß Trenk soeben in seiner Gegenwart gestorben sei. – „So?" sagt Sonnenstich, „hast du von letzter Woche her nicht noch zwei Stunden nachzusitzen? – Hier ist der Zettel an den Pedell. Mach, daß die Sache endlich in's Reine kommt! Die ganze Klasse soll an der Beerdigung theilnehmen." – Hänschen war wie gelähmt.

FRAU GABOR.
Was hast du da für ein Buch, Melchior?

MELCHIOR.
„Faust."

FRAU GABOR.
Hast du es schon gelesen?

MELCHIOR.
Noch nicht zu Ende.

MORITZ.
Wir sind gerade in der Walpurgisnacht.

FRAU GABOR.
Ich hätte an deiner Stelle noch ein, zwei Jahre gewartet.

MELCHIOR.
Ich kenne kein Buch, Mama, in dem ich so viel Schönes gefunden. Warum hätte ich es nicht lesen sollen.

|29| FRAU GABOR.
– Weil du es nicht verstehst.

MELCHIOR.
Das kannst du nicht wissen, Mama. Ich fühle sehr wohl, daß ich das Werk in seiner ganzen Erhabenheit zu erfassen noch nicht im Stande bin ...

MORITZ.
Wir lesen immer zu zweit; das erleichtert das Verständniß außerordentlich!

5 FRAU GABOR.
Du bist alt genug, Melchior, um wissen zu können, was dir zuträglich und was dir schädlich ist. Thu, was du vor dir verantworten kannst. Ich werde die Erste sein, die es dankbar anerkennt, wenn du mir niemals Grund giebst,
10 dir etwas vorenthalten zu müssen. – Ich wollte dich nur darauf aufmerksam machen, daß auch das Beste nachtheilig wirken kann, wenn man noch die Reife nicht besitzt, um es richtig aufzunehmen. – Ich werde mein Vertrauen immer lieber in d i c h als in irgendbeliebige er-
15 zieherische Maßregeln setzen. – – Wenn ihr noch etwas braucht, Kinder, dann komm herüber, Melchior, und rufe mich. Ich bin auf meinem Schlafzimmer. *(Ab.)*

MORITZ.
20 – – Deine Mama meinte die Geschichte mit Gretchen.

MELCHIOR.
Haben wir uns auch nur einen Moment dabei aufgehalten!

25

MORITZ.
Faust kann sich nicht kaltblütiger darüber hinweggesetzt haben!

30 MELCHIOR.
Das Kunstwerk gipfelt doch schließlich nicht in dieser

Schändlichkeit! – Faust könnte dem Mädchen die Heirath versprochen, könnte es daraufhin verlassen haben, er wäre in meinen Augen um kein Haar weniger strafbar. Gretchen könnte ja meinethalben an gebrochenem Herzen 5 sterben. – Sieht man wie Jeder darauf immer gleich krampfhaft die Blicke richtet, man möchte glauben, die ganze Welt drehe sich um P. . . . und K. . . . !

Moritz.

10 Wenn ich aufrichtig sein soll, Melchior, so habe ich nämlich thatsächlich das Gefühl, seit ich deinen Aufsatz gelesen. |30| – In den ersten Ferientagen fiel er mir vor die Füße. Ich hatte den Plötz in der Hand. – Ich verriegelte die Thür und durchflog die flimmernden Zeilen, wie eine 15 aufgeschreckte Eule einen brennenden Wald durchfliegt – ich glaube, ich habe das meiste mit geschlossenen Augen gelesen. Wie eine Reihe dunkler Erinnerungen klangen mir deine Auseinandersetzungen in's Ohr, wie ein Lied, das Einer als Kind einst fröhlich vor sich hingesummt und 20 das ihm, wie er eben im Sterben liegt, herzerschütternd aus dem Mund eines Andern entgegentönt. – Am heftigsten zog mich in Mitleidenschaft, was du vom Mädchen schreibst. Ich werde die Eindrücke nicht mehr los. Glaub' mir, Melchior, Unrecht leiden zu müssen, ist süßer, denn 25 Unrecht thun! Unverschuldet ein so süßes Unrecht über sich ergehen lassen zu müssen, scheint mir der Inbegriff aller irdischen Seligkeit.

Melchior.

30 – Ich will meine Seligkeit nicht als Almosen!

MORITZ.
Aber warum denn nicht?

MELCHIOR.
5 Ich will nichts, was ich mir nicht habe erkämpfen müssen!

MORITZ.
Ist dann das noch Genuß, Melchior?! – Das Mädchen,
10 Melchior, genießt wie die seligen Götter. Das Mädchen wehrt sich dank seiner Veranlagung. Es hält sich bis zum letzten Augenblick von jeder Bitterniß frei, um mit einem Mal alle Himmel über sich hereinbrechen zu sehen. Das Mädchen fürchtet die Hölle noch in dem Moment, da es
15 ein erblühendes Paradies wahrnimmt. Sein Empfinden ist so frisch, wie der Quell, der dem Fels entspringt. Das Mädchen ergreift einen Pokal, über den noch kein irdischer Hauch geweht, einen Nektarkelch, dessen Inhalt es, wie er flammt und flackert, hinunterschlingt ... Die
20 Befriedigung, die der Mann dabei findet, denke ich mir schaal und abgestanden.

MELCHIOR.
Denke sie dir, wie du magst, aber behalte sie für dich. –
25 Ich denke sie mir nicht gern ...

|31|

ZWEITE SCENE.

Wohnzimmer.

30

FRAU BERGMANN *(den Hut auf, die Mantille um, einen Korb am*

Arm, mit strahlendem Gesicht durch die Mittelthür eintretend).
Wendla! – Wendla!

WENDLA *(erscheint in Unterröckchen und Corset in der Seitenthür rechts).*
Was giebts, Mutter?

FRAU BERGMANN.
Du bist schon auf, Kind? – Sieh, das ist schön von dir!

WENDLA.
Du warst schon ausgegangen?

FRAU BERGMANN.
Zieh dich nun nur flink an! – Du mußt gleich zu Ina hinunter. Du mußt ihr den Korb da bringen!

WENDLA *(sich während des Folgenden vollends ankleidend).*
Du warst bei Ina? – Wie geht es Ina? – Will's noch immer nicht bessern?

FRAU BERGMANN.
Denke dir, Wendla, diese Nacht war der Storch bei ihr und hat ihr einen kleinen Jungen gebracht.

WENDLA.
Einen Jungen? – Einen Jungen! – O das ist herrlich! – – Deshalb die langwierige Influenza!

FRAU BERGMANN.
Einen prächtigen Jungen!

WENDLA.
Den muß ich sehen, Mutter! – So bin ich nun zum dritten Mal Tante geworden – Tante von einem Mädchen und zwei Jungens!

5

FRAU BERGMANN.
Und was für Jungens! – So geht's eben, wenn man so dicht beim Kirchendach wohnt! – Morgen sind's erst zwei Jahr, daß sie in ihrem Mullkleid die Stufen hinanstieg.

10

WENDLA.
Warst du dabei, als er ihn brachte?

FRAU BERGMANN.
15 Er war eben wieder fortgeflogen. – Willst du dir nicht eine Rose vorstecken?

WENDLA.
Warum kamst du nicht etwas früher hin, Mutter?

20

|32| FRAU BERGMANN.
Ich glaube aber beinahe, er hat dir auch etwas mitgebracht – eine Brosche oder was.

25 WENDLA.
Es ist wirklich schade!

FRAU BERGMANN.
Ich sage dir ja, daß er dir eine Brosche mitgebracht hat!

30

WENDLA.
Ich habe Broschen genug ...

FRAU BERGMANN.
Dann sei auch zufrieden, Kind. Was willst du denn noch?

WENDLA.
Ich hätte so furchtbar gerne gewußt, ob er durchs Fenster oder durch den Schornstein geflogen kam.

FRAU BERGMANN.
Da mußt du Ina fragen. Ha, das mußt du Ina fragen, liebes Herz? Ina sagt dir das ganz genau. Ina hat ja eine ganze halbe Stunde mit ihm gesprochen.

WENDLA.
Ich werde Ina fragen, wenn ich hinunterkomme.

FRAU BERGMANN.
Aber ja nicht vergessen, du süßes Engelsgeschöpf! Es interessirt mich wirklich selbst, zu wissen, ob er durchs Fenster oder durch den Schornstein kam.

WENDLA.
Oder soll ich nicht lieber den Schornsteinfeger fragen? – Der Schornsteinfeger muß es doch am besten wissen, ob er durch den Schornstein fliegt oder nicht.

FRAU BERGMANN.
Nicht den Schornsteinfeger, Kind; nicht den Schornsteinfeger. Was weiß der Schornsteinfeger vom Storch! –

Der schwatzt dir allerhand dummes Zeug vor, an das er selbst nicht glaubt... Wa – was glotzst du so auf die Straße hinunter??

5 WENDLA.
Ein Mann, Mutter – dreimal so groß wie ein Ochse! – mit Füßen wie Dampfschiffe ... !

FRAU BERGMANN *(an's Fenster stürzend).*
10 Nicht möglich! – Nicht möglich! –

|33| WENDLA *(zugleich).*
Eine Bettlade hält er unterm Kinn, fiedelt die Wacht am Rhein drauf – – eben biegt er um die Ecke ...
15

FRAU BERGMANN.
Du bist und bleibst doch ein Kindskopf! – Deine alte einfältige Mutter so in Schrecken jagen! – Geh, nimm deinen Hut. Nimmt mich Wunder, wann bei dir einmal der
20 Verstand kommt. – Ich habe die Hoffnung aufgegeben.

WENDLA.
Ich auch, Mütterchen, ich auch. – Um meinen Verstand ist es ein traurig Ding. – Hab' ich nun eine Schwester, die
25 ist seit zwei und einem halben Jahre verheirathet, und ich selber bin zum dritten Male Tante geworden, und habe gar keinen Begriff, wie das alles zugeht ... Nicht böse werden, Mütterchen; nicht böse werden! Wen in der Welt soll ich denn fragen als dich! Bitte, liebe Mutter, sag es mir!
30 Sag's mir, geliebtes Mütterchen! Ich schäme mich vor mir selber. Ich bitte dich, Mutter, sprich! Schilt mich nicht, daß

ich so etwas frage. Gieb mir Antwort – wie geht es zu? – wie kommt das alles? – Du kannst doch im Ernst nicht verlangen, daß ich bei meinen vierzehn Jahren noch an den Storch glaube.

5

FRAU BERGMANN.
Aber du großer Gott, Kind, wie bist du sonderbar! – Was du für Einfälle hast! – Das kann ich ja doch wahrhaftig nicht!

10

WENDLA.
Warum denn nicht, Mutter! – Warum denn nicht! – Es kann ja doch nichts Häßliches sein, wenn sich Alles darüber freut!

15

FRAU BERGMANN.
O – o Gott behüte mich! – Ich verdiente ja ... Geh', zieh' dich an, Mädchen; zieh' dich an!

20 WENDLA.
Ich gehe, ... Und wenn dein Kind nun hingeht und fragt den Schornsteinfeger?

FRAU BERGMANN.
25 Aber das ist ja zum Närrischwerden! – Komm' Kind, komm' her, ich sag' es dir! Ich sage dir |34| Alles ... O du grundgütige Allmacht! – nur heute nicht, Wendla! – Morgen, übermorgen, kommende Woche ... wann du nur immer willst, liebes Herz ...

30

WENDLA.
Sag' es mir heute, Mutter; sag' es mir jetzt! Jetzt gleich! – Nun ich dich so entsetzt gesehen, kann ich erst recht nicht eher wieder ruhig werden.

FRAU BERGMANN.
– Ich kann nicht, Wendla.

WENDLA.
O warum kannst du nicht, Mütterchen! – Hier knie ich zu deinen Füßen und lege dir meinen Kopf in den Schooß. Du deckst mir deine Schürze über den Kopf und erzählst und erzählst, als wärst du mutterseelenallein im Zimmer. Ich will nicht zucken; ich will nicht schreien; ich will geduldig ausharren, was immer kommen mag.

FRAU BERGMANN.
– Der Himmel weiß, Wendla, daß ich nicht die Schuld trage! Der Himmel kennt mich! – Komm' in Gottes Namen! – Ich will dir erzählen, Mädchen, wie du in diese Welt hineingekommen. – So hör' mich an, Wendla . . .

WENDLA *(unter ihrer Schürze).*
Ich höre.

FRAU BERGMANN *(ekstatisch).*
– Aber es geht ja nicht, Kind! – Ich kann es ja nicht verantworten. – Ich verdiene ja, daß man mich in's Gefängniß setzt – daß man dich von mir nimmt . . .

WENDLA *(unter ihrer Schürze).*
Faß' dir ein Herz, Mutter!

FRAU BERGMANN.
5 So höre denn . . . !

WENDLA *(unter ihrer Schürze, zitternd).*
O Gott, o Gott!

10 FRAU BERGMANN.
Um ein Kind zu bekommen – du verstehst mich, Wendla?

WENDLA.
15 Rasch, Mutter – ich halt's nicht mehr aus.

FRAU BERGMANN.
– Um ein Kind zu bekommen – muß man den Mann – mit dem man verheirathet ist . . . |35| l i e b e n – l i e b e n
20 sag' ich dir – wie man nur einen Mann lieben kann! Man muß ihn so sehr v o n g a n z e m H e r z e n lieben, wie – wie sich's nicht sagen läßt! Man muß ihn l i e b e n, Wendla, wie du in deinen Jahren noch gar nicht lieben kannst . . . Jetzt weißt du's.
25

WENDLA *(sich erhebend).*
Großer – Gott – im Himmel!

FRAU BERGMANN.
30 Jetzt weißt du, welche Prüfungen dir bevorstehen!

WENDLA.
– Und das ist Alles?

FRAU BERGMANN.
So wahr mir Gott helfe! – – Nimm nun den Korb da und geh' zu Ina hinunter. Du bekommst dort Chokolade und Kuchen dazu. – Komm', laß dich noch einmal betrachten – die Schnürstiefel, die seidenen Handschuhe, die Matrosentaille, die Rosen im Haar ..... dein Röckchen wird dir aber wahrhaftig nachgerade zu kurz, Wendla!

WENDLA.
– Hast du für Mittag schon Fleisch gebracht Mütterchen?

FRAU BERGMANN.
Der liebe Gott behüte dich und segne dich! – Ich werde dir gelegentlich eine Handbreit Volants unten ansetzen.

DRITTE SCENE.

HÄNSCHEN RILOW *(ein Licht in der Hand, verriegelt die Thür hinter sich und öffnet den Deckel).*
Hast du zu Nacht gebetet, Desdemona?
(Er zieht eine Reproduction der Venus von Palma Vecchio aus dem Busen.)
– Du siehst mir nicht nach Vaterunser aus, Holde – contemplativ des Kommenden gewärtig, wie in dem süßen Augenblick aufkeimender Glückseligkeit, als ich dich bei Jonathan Schlesinger |36| im Schaufenster liegen sah – ebenso berückend noch diese geschmeidigen

Glieder, diese sanfte Wölbung der Hüften, diese jugendlich straffen Brüste – o wie berauscht von Glück muß der große Meister gewesen sein, als das vierzehnjährige Original vor seinen Blicken hingestreckt auf dem Divan lag!
5 Wirst du mich auch bisweilen im Traum besuchen? – Mit ausgebreiteten Armen empfang ich dich und will dich küssen, daß dir der Athem vergeht. Du ziehst bei mir ein wie die angestammte Herrin in ihr verödetes Schloß. Thor und Thüren öffnen sich von unsichtbarer Hand, während
10 der Springquell unten im Parke fröhlich zu plätschern beginnt ...
Die Sache will's! – Die Sache will's! – Daß ich nicht aus frivoler Regung morde, sagt dir das fürchterliche Pochen in meiner Brust. Die Kehle schnürt sich mir zu im Gedan-
15 ken an meine einsamen Nächte. Ich schwöre dir bei meiner Seele, Kind, daß nicht Ueberdruß mich beherrscht. Wer wollte sich rühmen, deiner überdrüßig geworden zu sein!
Aber du saugst mir das Mark aus den Knochen, du
20 krümmst mir den Rücken, du raubst meinen jungen Augen den letzten Glanz. – Du bist mir zu anspruchsvoll in deiner unmenschlichen Bescheidenheit, zu aufreibend mit deinen unbeweglichen Gliedmaßen! – Du oder ich! – und ich habe den Sieg davongetragen.
25 Wenn ich sie herzählen wollte – all die Entschlafenen, mit denen ich hier den nämlichen Kampf gekämpft! – : Psyche von Thumann – noch ein Vermächtniß der spindeldürren Mademoiselle Angelique, dieser Klapperschlange im Paradies meiner Kinderjahre; Io von Corregio;
30 Galathea von Lossow; dann ein Amor von Bouguereau; Ada von J. van Beers – diese Ada, die ich Papa

aus einem Geheimfach seines Sekretärs entführen mußte, um sie meinem Harem einzuverleiben; eine zitternde, zuckende Leda von Makart, die ich zufällig unter den Collegien|37|heften meines Bruders fand – sieben, du blühende Todeskandidatin, sind dir vorangeeilt auf diesem Pfad in den Tartarus! Laß dir das zum Troste gereichen und suche nicht durch diese flehentlichen Blicke noch meine Qualen in's Ungeheure zu steigern.
Du stirbst nicht um deiner, du stirbst um meiner Sünden willen! – Aus Nothwehr gegen mich begehe ich blutenden Herzens den siebenten Gattenmord. Es liegt etwas Tragisches in der Rolle des Blaubart. Ich glaube, seine gemordeten Frauen insgesammt litten nicht so viel wie er beim Erwürgen jeder Einzelnen.
Aber mein Gewissen wird ruhiger werden, mein Leib wird sich kräftigen, wenn du Teufelin nicht mehr in den rothseidenen Polstern meines Schmuckkästchens residirst. Statt deiner lasse ich dann die Lurlei von Bodenhausen oder die Verlassene von Linger oder die Loni von Defregger in das üppige Lustgemach einziehen – so werde ich mich um so rascher erholt haben! Noch ein Vierteljährchen vielleicht und dein entschleiertes Josaphat, süße Seele, hätte an meinem armen Hirn zu zehren begonnen wie die Sonne am Butterklos. Es war hohe Zeit, die Trennung von Tisch und Bett zu erwirken.
Brrr, ich fühle einen Heliogabalus in mir: Moritura me salutat! – Mädchen, Mädchen, warum preß'st du deine Kniee zusammen? – warum auch jetzt noch? – warum jetzt noch, so Kind – angesichts der unerforschlichen Ewigkeit?? – Eine Zuckung, und ich gebe dich frei! – Eine weibliche Regung, ein Zeichen von Lüsternheit,

von Sympathie, Mädchen! – ich will dich in Gold rahmen lassen, dich über meinem Bett aufhängen! – Ahnst du denn nicht, daß nur deine Keuschheit meine Ausschweifungen gebiert? – Wehe, wehe über die Unmenschlichen!

... Man sieht eben immer, daß sie eine musterhafte Erziehung genossen. – Mir geht es ja ebenso.

|38| Hast du zu Nacht gebetet, Desdemona?

Das Herz krampft sich mir zusammen – – Unsinn! – Auch die heilige Agnes starb um ihrer Zurückhaltung willen und war nicht halb so nackt wie du! – Einen Kuß noch auf deinen blühenden Leib, – deine kindlich schwellende Brust – deine süßgerundeten – deine grausamen Kniee. ...

Die Sache will's, die Sache will's, mein Herz!
Laßt sie mich euch nicht nennen, keusche Sterne!
Die Sache wills! –

(Das Bild fällt in die Tiefe; er schließt den Deckel.)

Vierte Scene.

Ein Heuboden. – Melchior *liegt auf dem Rücken im frischen Heu.* Wendla *kommt die Leiter herauf.*

Wendla.
Hier hast du dich verkrochen? – Alles sucht dich. Der Wagen ist wieder hinaus. Du mußt helfen. Es ist ein Gewitter im Anzug.

MELCHIOR.
Weg von mir! – Weg von mir! –

WENDLA.
5 Was ist dir denn? – Was verbirgst du dein Gesicht?

MELCHIOR.
Fort, fort! – Ich werfe dich in die Tenne hinunter.

10 WENDLA.
Nun geh' ich erst recht nicht. – *(Kniet neben ihm nieder.)* Warum kommst du nicht mit auf die Matte hinaus, Melchior? – Hier ist es schwül und düster. Werden wir auch naß bis auf die Haut, was macht u n s das!

15

MELCHIOR.
Das Heu duftet so herrlich. – Der Himmel draußen muß schwarz wie ein Bahrtuch sein. – Ich sehe nur |39| noch den leuchtenden Mohn an deiner Brust – und dein Herz
20 hör' ich schlagen –

WENDLA.
– – – Nicht küssen, Melchior! – Nicht küssen!

25 MELCHIOR.
– dein Herz – hör' ich schlagen –

WENDLA.
– Man liebt sich – wenn man küßt – – – – – Nicht,
30 nicht! – –

MELCHIOR.
O glaub' mir, es giebt keine Liebe! – Alles Eigennutz, Alles Egoismus! – Ich liebe dich so wenig, wie du mich liebst. –

WENDLA.
– – Nicht! – – – – – – – – Nicht, Melchior! – –

MELCHIOR.
– – – Wendla!

WENDLA.
O Melchior! – – – – – – – – – nicht – – nicht – –

FÜNFTE SCENE.

FRAU GABOR *(sitzt, schreibt):*
Lieber Herr Stiefel!
Nachdem ich 24 Stunden über Alles, was sie mir schreiben, nachgedacht und wieder nachgedacht, ergreife ich schweren Herzens die Feder. Den Betrag zur Ueberfahrt nach Amerika kann ich Ihnen – ich gebe Ihnen meine heiligste Versicherung – nicht verschaffen. Erstens habe ich so viel nicht zu meiner Verfügung, und zweitens, wenn ich es hätte, wäre es die denkbar größte Sünde, Ihnen die Mittel zur Ausführung einer so folgenschweren Unbedachtsamkeit an die Hand zu geben. Bitter Unrecht würden Sie mir thun, Herr Stiefel, in dieser meiner Weigerung ein Zeichen mangelnder Liebe zu erblicken. Es wäre umgekehrt die gröbste |40| Verletzung meiner Pflicht als

Ihre mütterliche Freundin, wollte ich mich durch Ihre momentane Fassungslosigkeit dazu bestimmen lassen, nun auch meinerseits den Kopf zu verlieren und meinen ersten nächstliegenden Impulsen blindlings nachzugeben. Ich bin gern bereit – falls Sie es wünschen – an Ihre Eltern zu schreiben. Ich werde Ihre Eltern davon zu überzeugen suchen, daß Sie im Laufe dieses Quartals gethan haben, was Sie thun konnten, daß Sie Ihre Kräfte erschöpft, derart, daß eine rigurose Beurtheilung Ihres Geschickes nicht nur ungerechtfertigt wäre, sondern in erster Linie im höchsten Grade nachtheilig auf Ihren geistigen und körperlichen Gesundheitszustand wirken könnte.

Daß Sie mir andeutungsweise drohen, im Fall Ihnen die Flucht nicht ermöglicht wird, sich das Leben nehmen zu wollen, hat mich, offen gesagt, Herr Stiefel, etwas befremdet. Sei ein Unglück noch so unverschuldet, man sollte sich nie und nimmer zur Wahl unlauterer Mittel hinreißen lassen. Die Art und Weise, wie Sie mich, die ich Ihnen stets nur Gutes erwiesen, für einen eventuellen entsetzlichen Frevel Ihrerseits verantwortlich machen wollen, hat etwas, das in den Augen eines *schlecht*denkenden Menschen gar zu leicht zum Erpressungsversuch werden könnte. Ich muß gestehen, daß ich mir dieses Vorgehens von Ihnen, der Sie doch sonst so gut wissen, was man sich selber schuldet, zu allerletzt gewärtig gewesen wäre. Indessen hege ich die feste Ueberzeugung, daß Sie noch zu sehr unter dem Eindruck des ersten Schreckens standen, um sich Ihrer Handlungsweise vollkommen bewußt werden zu können.

Und so hoffe ich denn auch zuversichtlich, daß diese meine Worte Sie bereits in gefaßterer Gemüthsstimmung

antreffen. Nehmen Sie die Sache, wie sie liegt. Es ist meiner Ansicht nach durchaus unzulässig, einen jungen Mann nach seinen Schulzeugnissen zu beurtheilen. Wir haben zu viele Beispiele, daß sehr schlechte Schüler vorzügliche
5 Menschen geworden, und umgekehrt |41| ausgezeichnete Schüler sich im Leben nicht sonderlich bewährt haben. Auf jeden Fall gebe ich Ihnen die Versicherung, daß Ihr Mißgeschick, soweit das von mir abhängt, in Ihrem Verkehr mit Melchior nichts ändern soll. Es wird mir stets
10 zur Freude gereichen, meinen Sohn mit einem jungen Manne umgeh'n zu sehen, der sich, mag ihn nun die Welt beurtheilen, wie sie will, auch meine vollste Sympathie zu gewinnen vermochte.
Und somit Kopf hoch, Herr Stiefel! – Solche Krisen dieser
15 oder jener Art treten an jeden von uns heran und wollen eben überstanden sein. Wollte da ein Jeder gleich zu Dolch und Gift greifen, es möchte recht bald keine Menschen mehr auf der Welt geben. Lassen Sie bald wieder etwas von sich hören und seien Sie herzlich gegrüßt von
20 Ihrer Ihnen unverändert zugethanen

mütterlichen Freundin

Fanny G.

25 SECHSTE SCENE.

BERGMANNS *Garten im Morgensonnenglanz.*

WENDLA.

Warum hast du dich aus der Stube geschlichen? – Veil-
30 chen suchen! – Weil mich Mutter lächeln sieht. – Warum bringst du auch die Lippen nicht mehr zusam-

men? – Ich weiß nicht. – Ich weiß es ja nicht, ich finde nicht Worte ....
Der Weg ist wie ein Pelücheteppich – kein Steinchen, kein Dorn. – Meine Füße berühren den Boden nicht ...
5 O, wie ich die Nacht geschlummert habe!
Hier standen sie. – Mir wird ernsthaft wie einer Nonne beim Abendmahl. – Süße Veilchen! – Ruhig, Mütterchen. Ich will mein Bußgewand anzieh'n. – Ach Gott, wenn jemand käme, dem ich um den Hals fallen und erzählen könnte!

10

|42|

Siebente Scene.

Abenddämmerung. Der Himmel ist leicht bewölkt. Der Weg schlängelt sich durch niedres Gebüsch und Riedgras. In einiger
15 *Entfernung hört man den Fluß rauschen.*

Moritz.
Besser ist besser. – Ich passe nicht hinein. Mögen sie einander auf die Köpfe steigen. – Ich ziehe die Thür
20 hinter mir zu und trete in's Freie. – Ich gebe nicht soviel darum, mich herumdrücken zu lassen.
Ich habe mich nicht aufgedrängt. Was soll ich mich jetzt aufdrängen! – Ich habe keinen Vertrag mit dem lieben Gott. Mag man die Sache drehen, wie man sie drehen will.
25 Man hat mich gepreßt. – Meine Eltern mache ich nicht verantwortlich. Immerhin mußten sie auf das Schlimmste gefaßt sein. Sie waren alt genug, um zu wissen, was sie thaten. Ich war ein Säugling als ich zur Welt kam – sonst wär' ich wohl auch noch so schlau gewesen, ein Anderer
30 zu werden. – Was soll ich dafür büßen, daß alle Andern schon da waren!

Ich müßte ja auf den Kopf gefallen sein ... macht mir jemand einen tollen Hund zum Geschenk, dann gebe ich ihm seinen tollen Hund zurück. Und will er seinen tollen Hund nicht zurücknehmen, dann bin ich mensch-
5 lich und ...
Ich müßte ja auf den Kopf gefallen sein!
Man wird ganz per Zufall geboren und sollte nicht nach reiflichster Ueberlegung – – – es ist zum Todtschießen!
– Das Wetter zeigt sich wenigstens rücksichtsvoll. Den
10 ganzen Tag sah es nach Regen aus und nun hat es sich doch gehalten. – Es herrscht eine seltene Ruhe in der Natur. Nirgends etwas Grelles, Aufreizendes. Himmel und Erde sind wie durchsichtiges Spinnewebe. Und dabei scheint sich alles so wohl zu fühlen. Die Landschaft ist
15 lieblich wie eine Schlummermelodie – „schlafe, mein Prinzchen, schlaf ein", wie Fräulein |43| Snandulia sang. Schade, daß sie die Ellbogen ungraziös hält! – Am Cäcilienfest habe ich zum letzten Male getanzt. Snandulia tanzt nur mit Partien. Ihre Seidenrobe war
20 hinten und vorn ausgeschnitten. Hinten bis auf den Taillengürtel und vorne bis zur Bewußtlosigkeit. – Ein Hemd kann sie nicht angehabt haben ...

– –

– das wäre etwas, was mich noch fesseln könnte. – Mehr
25 der Curiosität halber. – Es muß ein sonderbares Empfinden sein – – ein Gefühl, als würde man über Stromschnellen gerissen – – – Ich werde es niemandem sagen, daß ich unverrichteter Sache wiederkehre. Ich werde so thun, als hätte ich alles das mitgemacht ... Es hat etwas
30 Beschämendes, Mensch gewesen zu sein, ohne das Menschlichste kennen gelernt zu haben. – Sie kommen

aus Aegypten, verehrter Herr, und haben die Pyramiden nicht geseh'n?!
Ich will heute nicht wieder weinen. Ich will nicht wieder an mein Begräbniß denken – – Melchior wird mir einen Kranz auf den Sarg legen. Pastor Kahlbauch wird meine Eltern trösten. Rektor Sonnenstich wird Beispiele aus der Geschichte citiren. – Einen Grabstein werd' ich ja wahrscheinlich nicht bekommen. Ich hätte mir eine schneeweiße Marmorurne auf schwarzem Syenitsockel gewünscht – ich werde sie ja gottlob nicht vermissen. Die Denkmäler sind für die Lebenden, nicht für die Todten.
Ich brauchte wohl ein Jahr, um in Gedanken von allem Abschied zu nehmen. Ich will nicht wieder weinen. Ich bin so froh, ohne Bitterkeit zurückblicken zu dürfen. Wie manchen schönen Abend ich mit Melchior verlebt habe! – unter den Uferweiden; beim Forsthaus; am Herrweg draußen, wo die fünf Linden stehen; auf dem Schloßberg, zwischen den lauschigen Trümmern der Runenburg – – – Wenn die Stunde gekommen, will ich aus |44| Leibeskräften an Schlagsahne denken. Schlagsahne hält nicht auf. Sie stopft und hinterläßt dabei doch einen angenehmen Nachgeschmack . . . Auch die Menschen hatte ich mir unendlich schlimmer gedacht. Ich habe keinen gefunden, der nicht sein bestes gewollt hätte. Ich habe manchen bemitleidet um meinetwillen.
Ich wandle zum Altar wie der Jüngling im alten Etrurien, dessen letztes Röcheln der Brüder Wohlergehen für das kommende Jahr erkauft. – Ich durchkoste Zug für Zug die geheimnißvollen Schauer der Loslösung. Ich schluchze vor Wehmuth über mein Loos. – – Das Leben hat mir die kalte Schulter gezeigt. Von drüben her sehe ich ernste

freundliche Blicke winken: die kopflose Königin, die kopflose Königin – Mitgefühl, mich mit weichen Armen erwartend ... Eure Gebote gelten für Unmündige; ich trage mein Freibillet in mir. Sinkt die Schale, dann flattert der Falter davon; das Trugbild genirt nicht mehr. – Ihr solltet kein tolles Spiel mit dem Schwindel treiben! Der Nebel zerrinnt; das Leben ist Geschmacksache.

ILSE *(in abgerißenen Kleidern, ein buntes Tuch um den Kopf, faßt ihn von rückwärts an der Schulter).*
Was hast du verloren?

MORITZ.
Ilse?!

ILSE.
Was suchst du hier?

MORITZ.
Was erschreckst du mich so?

ILSE.
Was suchst du? – Was hast du verloren?

MORITZ.
Was erschreckst du mich denn so entsetzlich?

ILSE.
Ich komme aus der Stadt. – Ich gehe nach Hause.

MORITZ.
Ich weiß nicht, was ich verloren habe.

ILSE.
Dann hilft auch dein Suchen nichts.

MORITZ.
Sakerment, Sakerment!!

ILSE.
Seit vier Tagen bin ich nicht zu Hause gewesen.

|45| MORITZ.
– Lautlos wie eine Katze!

ILSE.
Weil ich meine Ballschuhe anhabe. – Mutter wird Augen machen! – Komm bis an unser Haus mit!

MORITZ.
Wo hast du wieder herumgestrolcht?

ILSE.
In der Priapia.

MORITZ.
Priapia?

ILSE.
Bei Nohl, bei Fehrendorf, bei Pradinsky, bei

Lenz, Rank, Spühler – bei allen möglichen! – Kling, kling – die wird springen!

MORITZ.
Malen sie dich?

ILSE.
Fehrendorf malt mich als Säulenheilige. Ich stehe auf einem korinthischen Kapitäl. Fehrendorf, sag' ich dir, ist eine verhauene Nudel. Das letzte Mal zertrat ich ihm eine Tube. Er wischt mir die Pinsel in's Haar. Ich versetze ihm eine Ohrfeige. Er warf mir die Palette an den Kopf. Ich schmiß die Staffelei um. Er mit dem Malstock hinter mir drein über Divan, Tische, Stühle, ringsum durch's Atelier. Hinterm Ofen lag eine Skizze: – Artig sein, oder ich reiße sie durch! – Er schwor Amnestie und hat mich dann schließlich noch schrecklich – schrecklich, sag' ich dir – abgeküßt.

MORITZ.
Wo übernachtest du, wenn du in der Stadt bleibst?

ILSE.
Gestern waren wir bei Nohl – vorgestern bei Bojokewitsch – am Sonntag bei Oikonomopulos. Bei Padinsky gab's Sekt. Valabregez hatte seinen Pestkranken verkauft. Adelar trank aus der Zuckerdose. Lenz sang die Kindsmörderin und Adolar schlug die Guitarre krumm. Ich war so betrunken, daß sie mich zu Bett bringen mußten. – – Du gehst immer noch zur Schule, Moritz?

MORITZ.
Nein, nein ... dieses Quartal nehme ich meine Entlassung.

5 |46| ILSE.
Du hast Recht. Ach wie die Zeit vergeht, wenn man Geld verdient! – Weißt du noch, wie wir Räuber spielten – Wendla Bergmann und du und ich und die Andern, wenn ihr Abends herauskamt und kuhwarme Ziegen-
10 milch bei uns trankt? – Was macht Wendla? Ich sah' sie noch bei der Ueberschwemmung. – Was macht Melchi Gabor? – Schaut er noch so tiefsinnig drein? – In der Singstunde standen wir einander gegenüber.

15 MORITZ.
Er philosophirt.

ILSE.
Wendla war derweil bei uns und hat der Mutter Einge-
20 machtes gebracht. Ich saß den Tag bei Isidor Landauer. Er braucht mich zur heiligen Maria, Mutter Gottes, mit dem Christuskind. Er ist ein Tropf aber widerlich. Hu, wie ein Wetterhahn! – Hast du Katzenjammer?

25 MORITZ.
Von gestern Abend! – Wir haben wie Nilpferde gezecht. Um fünf Uhr wankt' ich nach Hause.

ILSE.
30 Man braucht dich nur anzuseh'n! – Waren Mädchen dabei?

MORITZ.
Arabella, die Biernymphe, Andalusierin! – Der Wirth ließ uns die ganze Nacht durch mit ihr allein.

5 ILSE.
Man braucht dich nur anzusehen, Moritz! – Ich kenne keinen Katzenjammer. Vergangenen Carneval kam ich drei Tage und drei Nächte in kein Bett und nicht aus den Kleidern. Von der Redoute in's Café, Mittags in Ballavi-
10 sta, [Bellavista,] Abends Tingl-Tangl, Nachts zur Redoute. Lena war dabei und die dicke Viola. – In der dritten Nacht fand mich Heinrich.

MORITZ.
15 Hatte er dich gesucht?

ILSE.
Er war über meinen Arm gestolpert. Ich lag bewußtlos im Straßenschnee. – Darauf kam ich zu ihm hin. Vierzehn
20 Tage verließ ich seine Behausung nicht – eine gräuliche |47| Zeit! – Morgens mußte ich seinen persischen Schlafrock überwerfen und Abends in schwarzem Pagenkostüm durch's Zimmer geh'n; an Hals, an Knien und Aermeln weiße Spitzenaufschläge. Täglich photographirte er mich
25 in anderem Arrangement – einmal auf der Sophalehne als Ariadne, einmal als Leda, einmal als Ganymed, einmal auf allen Vieren als weiblicher Nebuchod-Nosor. Dabei schwärmte er von Umbringen, von Erschießen, Selbstmord und Kohlendampf. Frühmorgens nahm er eine Pistole in's
30 Bett, lud sie voll Spitzkugeln und setzte sie mir auf die Brust: Ein Zwinkern, so drück' ich! – O er hätte gedrückt,

Moritz; er hätte gedrückt! – Dann nahm er das Dings in den Mund wie ein Pusterohr. Das wecke den Selbsterhaltungstrieb. Er tändelte damit wie Lena mit ihrem Ridicül. Brrrr – die Kugel wäre mir durch's Rückgrat gegangen.

MORITZ.
Lebt Heinrich noch?

ILSE.
Was weiß ich! – Ueber dem Bett war ein Deckenspiegel im Plafond eingelassen. Das Cabinet schien thurmhoch und hell wie ein Opernhaus. Man sah sich leibhaftig vom Himmel herunterhängen. Grauenvoll habe ich die Nächte geträumt. – Gott, o Gott, wenn es erst wieder Tag würde! – Gute Nacht, Ilse. Wenn du schläfst, bist du zum Morden schön!

MORITZ.
Lebt dieser Heinrich noch?

ILSE.
So Gott will nicht! – Wie er eines Tages Absynth holt, werfe ich den Mantel um und schleiche mich auf die Straße. Der Fasching war aus; die Polizei fängt mich ab; was ich in Mannskleidern wolle? – Sie brachten mich zur Hauptwache. Da kommen Nohl, Fehrendorf, Padinsky, Spühler, Oikonomopulos, die ganze Priapia, und bürgen für mich. Im Fiaker transportirten sie mich auf Adolar's Atelier. Seither bin ich der Horde treu. Fehrendorf ist ein Affe, Nohl ist ein Schwein, Bojokewitsch ein Uhu, Loison eine Hyäne,

Oikonomopulos ein Kameel – darum lieb' ich sie doch |48| einen wie den andern und möchte mich an sonst niemand hängen, und wenn die Welt voll Erzengel und Millionäre wär'!

5

MORITZ.
– Ich muß zurück, Ilse.

ILSE.
10 Komm' bis an unser Haus mit!

MORITZ.
– Wozu? – Wozu? –

15 ILSE.
Kuhwarme Ziegenmilch trinken! – Ich will dir Locken brennen und dir ein Glöcklein um den Hals hängen. – Wir haben auch noch ein Hü-Pferdchen, mit dem du spielen kannst.

20

MORITZ.
Ich muß zurück. – Ich habe noch die Sassaniden, die Bergpredigt und das Parallelepipedon auf dem Gewissen. – Gute Nacht, Ilse!

25

ILSE.
Schlumm're sanft! ... Geht ihr wohl noch zum Wigwam hinunter, wo Melchi Gabor mein Tomahawk begrub? – Brrr! Bis es an euch kommt, lieg' ich im Kehricht.

30

(Eilt davon.)

MORITZ *(allein).*
– – – Ein Wort hätte es gekostet. – – Ilse! – Ilse! – – Gottlob sie hört nicht mehr.
– Ich bin in der Stimmung nicht. – Dazu bedarf es eines
5 freien Kopfes und eines fröhlichen Herzens. – Schade, schade um die Gelegenheit!
... ich werde sagen, ich hätte mächtige Krystallspiegel über meinen Betten gehabt – hätte mir ein unbändiges Füllen gezogen – hätte es in langen schwarzseidenen
10 Strümpfen und schwarzen Lackstiefeln und schwarzen, langen Glacé-Handschuhen, schwarzen Sammt um den Hals, über den Teppich an mir vorbeistolziren lassen – hätte es in einem Wahnsinnsanfall in meinen Kissen erwürgt ... ich werde lächeln wenn von Wollust die Rede
15 ist ... ich werde –
Aufschreien! – Aufschreien! – Du sein, Ilse! – Priapia! – Besinnungslosigkeit! – Das nimmt die |49| Kraft mir! – Dieses Glückskind, dieses Sonnenkind – dieses
20 Freudenmädchen auf meinem Jammerweg! – – Oh! – Oh!
– –
– –

25 *(Im Ufergebüsch.)*

Hab' ich sie doch unwillkürlich wiedergefunden – die Rasenbank. Die Königskerzen scheinen gewachsen seit gestern. Der Ausblick zwischen den Weiden durch ist
30 derselbe noch. – Der Fluß zieht schwer wie geschmolzenes Blei. Daß ich nicht vergesse ... *(er zieht Frau Gabor's*

Brief aus der Tasche und verbrennt ihn) – Wie die Funken irren – hin und her, kreuz und quer – Seelen! – Sternschnuppen! –
Eh' ich angezündet, sah man die Gräser noch und einen Streifen am Horizont. – Jetzt ist es dunkel geworden. Jetzt gehe ich nicht mehr nach Hause.

Dritter Act.

Erste Scene.

Conferenzzimmer. – An den Wänden die Bildnisse von Pestalozzi und J. J. Rousseau. Um einen grünen Tisch, über dem 10 *mehrere Gasflammen brennen, sitzen die Professoren* Affenschmalz, Knüppeldick, Hungergurt, Knochenbruch, Zungenschlag *und* Fliegentod. *Am oberen Ende auf erhöhtem Sessel Rektor* Sonnenstich. *Pedell* Habebald *kauert neben der Thür.*

15

Sonnenstich.

. . . Sollte einer der Herren Collegen noch etwas zu bemerken haben? – – Meine Herren! – Wenn wir nicht umhin können, bei einem hohen Cultusministerium die 20 Relegation unseres schuldbeladenen Schülers zu beantragen, so können wir das aus den schwerwiegendsten Gründen nicht. Wir können es nicht, um unserer Anstalt ihren bisherigen fleckenlosen Ruf, wir können es nicht, um unseren Bemühungen ihre bisherigen glanzvollen 25 Resultate zu wahren. Wir können es nicht, meine Herren, um das leider bereits hereingebrochene Unglück zu sühnen, wir können es ebenso wenig, um unsere Anstalt für die Zukunft vor ähnlichen tieferschütternden Schlägen sicher zu stellen. Wir können es nicht, um unseren 30 schuldbeladenen Schüler für den demoralisirenden Einfluß, den er auf seinen durch ihn bedauerns|51|werth gewordenen Klassengenossen ausgeübt, zu züchtigen; wir können es zu allerletzt, um unseren schuldbeladenen Schüler zu hindern, den nämlichen demoralisirenden Einfluß auf seine noch unberührt gebliebenen Klassengenossen auszuüben. Wir können es – und der, meine Herren Collegen, möchte der schwerwiegendste sein – aus dem jedwelchen Einwand niederschlagenden Grunde nicht, weil wir unsere Anstalt vor den Verheerungen einer Selbstmord-Epidemie zu schützen haben, wie sie bereits an verschiedenen Gymnasien zum jähen Ausbruch gelangt und bis heute noch allen Mitteln, den Gymnasiasten an seine durch seine Heranbildung zum Gebildeten gebildeten Existenzbedingungen zu fesseln, gespottet hat. – – Sollte einer der Herren Collegen noch etwas zu bemerken haben?

KNÜPPELDICK.
Ich kann mich nicht länger der Ueberzeugung verschließen, daß es endlich an der Zeit wäre – irgendwo ein Fenster zu öffnen.

KNOCHENBRUCH.
Ich schließe mich Ihrer Ansicht an, Herr Collega.

ZUNGENSCHLAG.
Es herrscht hier nämlich eine A-A-Athmosphäre wie in den unterirdischen Kata-Katakomben der ewigen Stadt – wie unter den Bleidächern Ve-Ve-Ve-Venedigs – wie in den A-Aktensälen des weiland Wetzlarer Ka-Ka-Ka-Ka-Kammergerichtes.

SONNENSTICH.
Habebald!

HABEBALD.
Befehlen, Herr Rektor!

SONNENSTICH.
Oeffnen Sie ein Fenster! – Wir haben, Gott sei Dank, Atmosphäre genug in Gottes freier Natur. – – Sollte einer der Herren Collegen noch sonst etwas zu bemerken haben?

FLIEGENTOD.
Wenn meine Herren Collegen ein Fenster öffnen lassen wollen, so habe ich meinerseits nichts dagegen ein|52|zuwenden. Nur muß ich dringend darum ersuchen, das Fenster nicht gerade hinter meinem Rücken öffnen lassen zu wollen!

AFFENSCHMALZ.
Ich schließe mich Ihrer Ansicht an, Herr Collega.

SONNENSTICH.
Habebald!

HABEBALD.
Befehlen, Herr Rektor!

SONNENSTICH.
Oeffnen Sie das andere Fenster! – – Sollte einer der Herren Collegen noch sonst etwas zu bemerken haben?

HUNGERGURT.
Ohne daß ich die Controverse in dieser oder in jener Hinsicht belasten möchte, möchte ich an die dabei vollkommen außer Acht gelassene Thatsache erinnern, daß das andere Fenster seit den Herbstferien zugemauert ist.

SONNENSTICH.
Habebald!

HABEBALD.
Befehlen, Herr Rektor!

SONNENSTICH.
Lassen Sie das andere Fenster geschlossen! – Ich sehe mich genöthigt, meine Herren, den Antrag unseres Herrn Collega Knüppeldick zur Abstimmung zu bringen. Ich ersuche diejenigen Herren Collegen, die dafür sind, daß das einzig hier in Frage kommen könnende Fenster geöffnet werde, sich von ihren Sitzen zu erheben. – Eins, zwei, drei. – Eins, zwei, drei. – Habebald!

HABEBALD.
Befehlen, Herr Rektor!

SONNENSTICH.
Lassen Sie das eine Fenster gleichfalls geschlossen! – Ich meinerseits hege die Ueberzeugung, daß die hier herrschende Athmosphäre wenig oder nichts zu wünschen übrig läßt. – – Sollte einer der Herren Collegen noch sonst etwas zu bemerken haben? – – Meine Herren! – Setzen wir den Fall, daß wir die Relegation unseres schuldbela-

denen Schülers bei einem hohen Cultusministerium zu beantragen unterlassen, so |53| wird uns ein hohes Cultusministerium für das hereingebrochene Unglück, an dem neben dem Verunglückten unser schuldbeladener Schüler die Hauptschuld trägt, verantwortlich machen. Von den verschiedenen von der Selbstmord-Epidemie heimgesuchten Gymnasien sind diejenigen, an denen fünfundzwanzig Prozent den Verheerungen der Selbstmord-Epidemie zum Opfer gefallen, von einem hohen Cultusministerium suspendirt worden. Vor diesem erschütterndsten Schlage unsere Anstalt, deren Hüter und Bewahrer wir sind, zu wahren, ist unsere Pflicht als Hüter und Bewahrer unserer Anstalt. Es schmerzt uns tief, meine Herren Collegen, daß wir die sonstige Qualification unseres schuldbeladenen Schülers als mildernden Umstand gelten zu lassen nicht in der beneidenswerthen Lage sind. Ein nachsichtiges Verfahren, das sich unserem schuldbeladenen Schüler gegenüber rechtfertigen ließe, ließe sich der zur Zeit in denkbar bedenklichster Weise gefährdeten Existenz unserer Anstalt gegenüber nicht rechtfertigen. Wir sehen uns, wie wir einander einstimmig eingestehen, in die zwingende Nothwendigkeit versetzt, den Schuldbeladenen zu richten, um nicht als die Schuldlosen gerichtet zu werden. – Habebald!

HABEBALD.
Befehlen, Herr Rektor!

SONNENSTICH.
Führen Sie ihn herauf!

(HABEBALD *ab.*)

ZUNGENSCHLAG.
Wenn die he-herrschende A-A-Athmosphäre maßgebenderseits wenig oder nichts zu wünschen übrig läßt, so möchte ich den Antrag stellen, während der So-Sommerferien auch noch das andere Fenster zu-zu-zu-zu-zu-zu-zu-zu-zuzumauern!

FLIEGENTOD.
Wenn unserem lieben Herrn Collega Zungenschlag unser Lokal nicht genügend ventilirt erscheint, so möchte ich den Antrag stellen, unserm lieben Herrn Collega Zungenschlag eine Drainage in die Stirnhöhle appliciren zu lassen.

|54| ZUNGENSCHLAG.
Da-da-das brauche ich mir nicht gefallen zu lassen! – Gro-Grobheiten brauche ich mir nicht gefallen zu lassen! – Ich bin meiner fü-fü-fü-fü-fünf Sinne mächtig . . . !

SONNENSTICH.
Ich muß unsere Herren Collegen Fliegentod und Zungenschlag um einigen Anstand ersuchen. Unser schuldbeladener Schüler scheint mir bereits auf der Treppe zu sein.

(HABEBALD *öffnet die Thür, worauf* MELCHIOR, *bleich aber gefaßt, vor die Versammlung tritt.)*

SONNENSTICH.
Treten Sie näher an den Tisch heran! – Nachdem Herr

Rentier Stiefel von dem ruchlosen Frevel seines Sohnes Kenntniß erhalten, durchsuchte der fassungslose Vater, in der Hoffnung, auf diesem Wege möglicherweise dem Anlaß der verabscheuungswürdigen Unthat auf die Spur zu kommen, die hinterlassenen Effekten seines Sohnes Moritz und stieß dabei an einem nicht zur Sache gehörigen Orte auf ein Schriftstück, welches uns, ohne noch die verabscheuungswürdige Unthat an sich verständlich zu machen, für die dabei maßgebend gewesene moralische Zerrüttung des Unthäters eine leider nur allzu ausreichende Erklärung liefert. Es handelt sich um eine in Gesprächsform abgefaßte, „der Beischlaf" betitelte, mit lebensgroßen Abbildungen versehene, von den schamlosesten Unfläthereien strotzende, zwanzig Seiten lange Abhandlung, die den geschraubtesten Anforderungen, die ein verworfener Lüstling an eine unzüchtige Lektüre zu stellen vermöchte, entsprechen dürfte. –

MELCHIOR.
Ich habe ...

SONNENSTICH.
Sie haben sich ruhig zu verhalten! – Nachdem Herr Rentier Stiefel uns fragliches Schriftstück ausgehändigt und wir dem fassungslosen Vater das Versprechen ertheilt, um jeden Preis den Autor desselben zu ermitteln, wurde die uns vorliegende Handschrift mit den Handschriften sämmtlicher Mitschüler des weiland Ruchlosen verglichen und ergab nach dem einstimmigen Urtheil der gesammten Lehrerschaft, sowie in voll|55|kommenem Einklang mit dem Spezial-Gutachten unseres geschätzten

Herrn Collegen für Kaligraphie die denkbar bedenklichste Aehnlichkeit mit der Ihrigen. –

MELCHIOR.
Ich habe ...

SONNENSTICH.
Sie haben sich ruhig zu verhalten! – Ungeachtet der erdrückenden Thatsache der von Seiten unantastbarer Autoritäten anerkannten Aehnlichkeit, glauben wir uns vorderhand noch jeder weiteren Maßnahmen enthalten zu dürfen, um in erster Linie den Schuldigen über das ihm demgemäß zur Last fallende Vergehen wider die Sittlichkeit in Verbindung mit daraus resultirender Veranlassung zur Selbstentleibung ausführlich zu vernehmen. –

MELCHIOR.
Ich habe ...

SONNENSTICH.
Sie haben die genau präzisirten Fragen, die ich Ihnen der Reihe nach vorlege, eine um die andere, mit einem schlichten und bescheidenen „Ja" oder „Nein" zu beantworten. – Habebald!

HABEBALD.
Befehlen, Herr Rektor!

SONNENSTICH.
Die Akten! – – Ich ersuche unseren Schriftführer, Herrn

Collega Fliegentod, von nun an möglichst wortgetreu zu protokolliren. – *(zu* MELCHIOR*)* Kennen Sie dieses Schriftstück?

5 MELCHIOR.
Ja.

SONNENSTICH.
Wissen Sie, was dieses Schriftstück enthält?

10

ME[L]CHIOR.
Ja.

SONNENSTICH.
15 Ist die Schrift dieses Schriftstücks die Ihrige?

MELCHIOR.
Ja.

20 SONNENSTICH.
Sind die in dieses Schriftstück eingestreuten lebensgroßen Abbildungen gleichfalls von Ihrer Hand?

|56| MELCHIOR.
25 Ja ... ich ersuche Sie ...

SONNENSTICH.
Verdankt dieses Schriftstück, so wie es uns hier vorliegt, Ihnen seine Abfassung?

30

MELCHIOR.
Ja. Ich ersuche Sie, Herr Rektor, mir eine Unfläthigkeit darin nachzuweisen . . .

SONNENSTICH.
. . . Sind die in dieses Schriftstück eingestreuten lebensgroßen Abbildungen gleichfalls Originalarbeit?

MELCHIOR.
Ich ersuche Sie, mir eine Unflätherei in dem Aufsatz nachzuweisen!

SONNENSTICH.
Sie haben die genau präzisirten Fragen, die ich Ihnen vorlege, mit einem schlichten und bescheidenen „Ja“ oder „Nein“ zu beantworten!

MELCHIOR.
Ich habe nicht mehr und nicht weniger geschrieben, als was eine Ihnen sehr wohl bekannte Thatsache ist!

SONNENSTICH.
Dieser Schandbube!!

MELCHIOR.
Ich ersuche Sie, mir einen Verstoß gegen die Sittlichkeit in der Schrift zu zeigen!

SONNENTISCH. [SONNENSTICH.]
Bilden Sie sich ein, ich hätte Lust, zum Hanswurst an Ihnen zu werden?! – Habebald . . . !

MELCHIOR.
Ich habe ...

SONNENSTICH.
Sie haben so wenig Ehrerbietung vor der Würde Ihrer versammelten Lehrerschaft, wie sie Anstandsgefühl für das dem Menschen eingewurzelte Empfinden für die Discretion der Verschämtheit einer sittlichen Weltordnung haben! – Habebald!!

HABEBALD.
Befehlen, Herr Rektor!

SONNENSTICH.
Es ist ja der Langenscheidt zur dreistündigen Erlernung des agglutirenden Volapük!

MELCHIOR.
Ich habe ...

|57| SONNENSTICH.
Ich ersuche unseren Schriftführer, Herrn Collega Fliegentodt, das Protokoll zu schließen!

MELCHIOR.
Ich habe ...

SONNENSTICH.
Sie haben sich ruhig zu verhalten!! – Habebald!

HABEBALD.
Befehlen, Herr Rector!!

SONNENSTICH.
5 Führen Sie ihn hinunter!

ZWEITE SCENE.

Friedhof in strömendem Regen. – Vor einem offenen Grabe steht
10 *Pastor* KAHLBAUCH, *den aufgespannten Schirm in der Hand.*
Zu seiner Rechten Rentier STIEFEL, *dessen*
Freund ZIEGENMELKER *und Onkel* PROBST. *Zur Linken*
Rektor SONNENSTICH *mit Professor* KNOCHENBRUCH.
Gymnasiasten schließen den Kreis. In einiger Entfernung vor
15 *einem halbverfallenen Grabmonument* MARTHA *und* ILSE.

PASTOR KAHLBAUCH.
... Denn wer die Gnade, mit der der ewige Vater den in
Sünden Geborenen gesegnet, von sich wies, er wird des
20 geistigen Todes sterben! – Wer aber in eigenwilliger
fleischlicher Verleugnung der Gott gebührenden Ehre
dem Bösen gelebt und gedient, er wird des leiblichen
Todes sterben! – Wer jedoch das Kreuz, das der All-
erbarmer ihm um der Sünde willen auferlegt, frevent-
25 lich von sich geworfen, wahrlich, wahrlich, ich sage euch,
der wird des ewigen Todes sterben! – *(Er wirft eine*
Schaufel voll Erde in die Gruft.) – Uns aber, die wir fort und
fort wallen den Dornenpfad, lasset den Herrn, den all-
gütigen, preisen und ihm danken für seine unerforschli-
30 che Gnadenwahl. Denn so wahr dieser eines dreifa-
chen Todes starb, so wahr wird Gott der Herr den

Gerechten einführen zur Seiligkeit [Seligkeit] und zum ewigen Leben. – Amen.

|58| RENTIER STIEFEL *(mit thränenerstickter Stimme, wirft eine Schaufel voll Erde in die Gruft).*
Der Junge war nicht von mir! – Der Junge war nicht von mir! – Der Junge hat mir von kleinauf nicht gefallen!

REKTOR SONNENSTICH *(wirft eine Schaufel voll Erde in die Gruft).*
Der Selbstmord als der denkbar bedenklichste Verstoß gegen die sittliche Weltordnung ist der denkbar bedenklichste Beweis für die sittliche Weltordnung, indem der Selbstmörder der sittlichen Weltordnung den Urtheilsspruch zu sprechen erspart und ihr Bestehen bestätigt.

PROFESSOR KNOCHENBRUCH *(wirft eine Schaufel voll Erde in die Gruft).*
Verbummelt – versumpft – verhurt – verlumpt – und verludert!

ONKEL PROBST *(wirft eine Schaufel voll Erde in die Gruft).*
Meiner eigenen Mutter hätte ich's nicht geglaubt, daß ein Kind so niederträchtig an seinen Eltern zu handeln vermöchte!

FREUND ZIEGENMELKER *(wirft eine Schaufel voll Erde in die Gruft).*
An einem Vater zu handeln vermöchte, der nun seit zwanzig Jahren von früh bis spät keinen Gedanken mehr hegt, als das Wohl seines Kindes!

PASTOR KAULBAUCH [KAHLBAUCH] *(Rentier* STIEFEL *die Hand drückend).*
Wir wissen, daß denen, die Gott lieben, alle Dinge zum besten dienen 1. Corinth. 12, 15. – Denken Sie der trostlo-
5 sen Mutter und suchen Sie ihr das Verlorene durch verdoppelte Liebe zu ersetzen!

REKTOR SONNENSTICH *(Rentier* STIEFEL *die Hand drückend).*
Wir hätten ihn ja wahrscheinlich doch nicht promoviren
10 können!

PROFESSOR KNOCHENBRUCH *(Rentier* STIEFEL *die Hand drückend).*
Und wenn wir ihn promovirt hätten, im nächsten
15 Frühling wäre er des allerbestimmtesten durchgefallen!

ONKEL PROBST *(Rentier* STIEFEL *die Hand drückend).*
Jetzt hast du vor allem die Pflicht, an dich zu denken. Du bist Familienvater . . . !
20

|59| FREUND ZIEGENMELKER *(Rentier* STIEFEL *die Hand drückend).*
Vertraue dich meiner Führung! – Ein Hundewetter, daß Einem die Därme schlottern! – Wer da nicht unverzüglich
25 energisch eingreift, hat seine Herzklappenaffection weg!

RENTIER STIEFEL *(sich die Nase schneuzend).*
Der Junge war nicht von mir . . . der Junge war nicht von mir . . .
30

(Rentier STIEFEL, *geleitet von Pastor* KAHLBAUCH, *Rektor*

SONNENSTICH, *Professor* KNOCHENBRUCH, *Onkel* PROBST *und Freund* ZIEGENMELKER *ab. – Der Regen läßt nach.)*

HÄNSCHEN RILOW *(wirft eine Schaufel voll Erde in die Gruft).*
5 Ruhe in Frieden! – Grüße mir meine ewigen Bräute, hingeopferten Angedenkens, und empfiehl mich ganz ergebenst zu Gnaden dem lieben Gott – armer Tollpatsch du! – Sie werden dir um deiner Engelseinfalt willen noch eine Vogelscheuche auf's Grab setzen . . .

10

GEORG.
Hat sich die Pistole gefunden?

ROBERT.
15 Man braucht keine Pistole zu suchen!

ERNST.
Hast du ihn gesehen, Robert?

20 ROBERT.
Verfluchter, verdammter Schwindel! – Wer hat ihn gesehen? – Wer denn?

OTTO.
25 Da steckt's nämlich! – Man hatte ihm ein Tuch übergeworfen.

GEORG.
Hing die Zunge heraus?

30

ROBERT.
Die Augen! – Deshalb hatte man das Tuch drübergeworfen.

OTTO.
Grauenhaft.

HÄNSCHEN RILOW.
Weißt du bestimmt, daß er sich erhängt hat?

ERNST.
Man sagt, er habe gar keinen Kopf mehr.

OTTO.
Unsinn! – Gewäsch!

|60| ROBERT.
Ich habe ja den Strick in Händen gehabt. – Ich habe noch keinen Erhängten gesehen, den man nicht zugedeckt hätte.

GEORG.
Auf gemeinere Art hätte er sich nicht empfehlen können!

HÄNSCHEN RILOW.
Was Teufel, das Erhängen soll ganz hübsch sein!

OTTO.
Mir ist er nämlich noch fünf Mark schuldig. Wir hatten gewettet. Er schwor, er werde sich halten.

HÄNSCHEN RILOW.
Du bist schuld, daß er daliegt. Du hast ihn Prahlhans genannt.

OTTO.
Paperlapap, ich muß auch büffeln die Nächte durch. Hätte er die griechische Literaturgeschichte gelernt, er hätte sich nicht zu erhängen brauchen!

ERNST.
Hast du den Aufsatz, Otto?

OTTO.
Erst die Einleitung.

ERNST.
Ich weiß gar nicht, was schreiben.

GEORG.
Warst du denn nicht da, als uns Affenschmalz die Disposition gab?

HÄNSCHEN RILOW.
Ich stopsle mir was aus dem *Demokrit* zusammen.

ERNST.
Ich will sehen, ob sich im *kleinen Meyer* was finden läßt.

OTTO.
Hast du den Vergil schon auf morgen? – – – – –

(Die Gymnasiasten ab. – MARTHA und ILSE kommen an's Grab.)

ILSE.
Rasch, rasch! – Dort hinten kommen die Todtengräber.

MARTHA.
Wollen wir nicht lieber warten, Ilse?

|61| ILSE.
Wozu? – Wir bringen neue. Immer neue und neue! – Es wachsen genug.

MARTHA.
Du hast recht, Ilse! – *(Sie wirft einen Epheukranz in die Gruft. ILSE öffnet ihre Schürze und läßt eine Fülle frischer Kornblumen auf den Sarg regnen.)*

MARTHA.
Ich grabe unsere Rosen aus. Schläge bekomme ich ja doch! – Hier werden sie gedeihen.

ILSE.
Ich will sie begießen, so oft ich vorbeikomme. Ich hole Vergißmeinnicht vom Goldbach herüber und Schwerdtlilien bringe ich von Hause mit.

MARTHA.
Es soll eine Pracht werden! Eine Pracht!

ILSE.
Ich war auf der Brücke, da hört' ich den Knall.

MARTHA.
Armes Herz!

ILSE.
Und ich weiß auch den Grund, Martha.

MARTHA.
Sagte er was?

ILSE.
Parallelepipedon! – Aber sag' es Niemandem.

MARTHA.
Meine Hand darauf.

ILSE.
– Hier ist die Pistole.

MARTHA.
Deshalb hat man sie nicht gefunden!

ILSE.
Ich nahm sie ihm gleich aus der Hand, als ich am Morgen vorbeikam.

MARTHA.
Schenk' sie mir, Ilse! – Bitte, schenk' sie mir!

ILSE.
Nein, die behalt' ich zum Andenken.

MARTHA.
5 Ist's wahr, Ilse, daß er ohne Kopf d'rinliegt?

ILSE.
Er muß sie mit Wasser geladen haben! – Die Königskerzen waren über und über von Blut besprengt. Sein Hirn
10 hing in den Weiden umher.

|62|

DRITTE SCENE.
HERR *und* FRAU GABOR.

15

FRAU GABOR.
... Man hatte einen Sündenbock nöthig. Man durfte die überall lautwerdenden Anschuldigungen nicht auf sich beruhen lassen. Und nun mein Kind das Unglück gehabt,
20 den Zöpfen im richtigen Moment in den Schuß zu laufen, nun soll ich, die eigene Mutter, das Werk seiner Henker vollenden helfen? – Bewahre mich Gott davor!

HERR GABOR.
25 – Ich habe deine geistvolle Erziehungsmethode vierzehn Jahre schweigend mitangeseh'n. Sie widersprach meinen Begriffen. Ich hatte von jeher der Ueberzeugung gelebt, ein Kind sei kein Spielzeug; ein Kind habe Anspruch auf unsern heiligsten Ernst. Aber ich sagte mir, wenn der Geist und die
30 Grazie des Einen die ernsten Grundsätze eines Andern zu ersetzen im Stande sind, so mögen sie den ernsten Grundsät-

zen vorzuziehen sein. – – Ich mache dir keinen Vorwurf, Fanny. Aber vertritt mir den Weg nicht, wenn ich dein und mein Unrecht an dem Jungen gutzumachen suche!

5 FRAU GABOR.
Ich vertrete dir den Weg so lange ein Tropfen warmen Blutes in mir wallt! In der Correctionsanstalt ist mein Kind verloren. Eine Verbrechernatur mag sich in solchen Instituten bessern lassen. Ich weiß es nicht. Ein gutgear-
10 teter Mensch wird so gewiß zum Verbrecher darin, wie die Pflanze verkommt, der du Luft und Sonne entziehst. Ich bin mir keines Unrechtes bewußt. Ich danke heute wie immer dem Himmel, daß er mir den Weg gezeigt, in meinem Kinde einen rechtlichen Charakter und eine edle
15 Denkungsweise zu wecken. Was hat er denn so Schreckliches gethan? Es soll mir nicht einfallen, ihn entschuldigen zu wollen – daran, daß man ihn aus der Schule gejagt, trägt er keine Schuld! Und wär' es sein Verschulden, so hat er es ja gebüßt. Du magst das alles besser |63| wissen.
20 Du magst theoretisch vollkommen im Rechte sein. Aber ich kann mir mein einziges Kind nicht gewaltsam in den Tod jagen lassen!

HERR GABOR.
25 Das hängt nicht von uns ab, Fanny. – Das ist ein Risiko, das wir mit unserem Glück auf uns genommen. Wer zu schwach für den Marsch ist, bleibt am Wege. Und es ist schließlich das Schlimmste nicht, wenn das Unausbleibliche zeitig kommt. Möge uns der Himmel davor behüten!
30 Unsere Pflicht ist es, den Wankenden zu festigen, so lange die Vernunft Mittel weiß. – Daß man ihn aus der Schule

gejagt, ist nicht seine Schuld. Wenn man ihn nicht aus der Schule gejagt hätte, es wäre auch seine Schuld nicht! – Du bist zu leichtherzig. Du erblickst vorwitzige Tändelei, wo es sich um Grundschäden des Charakters handelt. Ihr Frauen seid nicht berufen, über solche Dinge zu urtheilen. Wer das schreiben kann, was Melchior schreibt, der muß im innersten Kern seines Wesens angefault sein. Das Mark ist ergriffen. Eine halbwegs gesunde Natur läßt sich zu so etwas nicht herbei. Wir sind alle keine Heiligen; jeder von uns irrt vom schnurgeraden Pfad ab. Seine Schrift hingegen vertritt das Prinzip. Seine Schrift entspricht keinem zufälligen gelegentlichen Fehltritt; sie dokumentirt mit schaudererregender Deutlichkeit den aufrichtig gehegten Vorsatz, jene natürliche Veranlagung, jenen Hang zum Unmoralischen, weil es das Unmoralische ist. Seine Schrift manifestirt jene exceptionelle geistige Corruption, die wir Juristen mit dem Ausdruck „moralischer Irrsinn" bezeichnen. – Ob sich gegen seinen Zustand etwas ausrichten läßt, vermag ich nicht zu sagen. Wenn wir uns einen Hoffnungsschimmer bewahren wollen, und in erster Linie unser fleckenloses Gewissen als die Eltern des Betreffenden, so ist es Zeit für uns, mit Entschiedenheit und mit allem Ernste an's Werk zu gehen. – Laß uns nicht länger streiten, Fanny! Ich fühle wie schwer es dir wird. Ich weiß, daß du ihn vergötterst, |64| weil er so ganz deinem genialischen Naturell entspricht. Sei stärker als du! Zeig' dich deinem Sohn gegenüber endlich einmal selbstlos!

FRAU GABOR.
Hilf mir Gott, wie läßt sich dagegen aufkommen! – Man

muß ein Mann sein, um so sprechen zu können! Man muß ein Mann sein, um sich so vom todten Buchstaben verblenden lassen zu können! Man muß ein Mann sein, um so blind das in die Augen Springende nicht zu seh'n! – Ich habe gewissenhaft und besonnen an Melchior gehandelt vom ersten Tag an, da ich ihn für die Eindrücke seiner Umgebung empfänglich fand. Sind wir denn für den Zufall verantwortlich! Dir kann morgen ein Dachziegel auf den Kopf fallen, und dann kommt dein Freund – dein Vater, und statt deine Wunde zu pflegen, setzt er den Fuß auf dich! – Ich lasse mein Kind nicht vor meinen Augen hinmorden. Dafür bin ich seine Mutter. – Es ist unfaßbar! Es ist gar nicht zu glauben! Was schreibt er denn in aller Welt! Ist's denn nicht der stupendeste Beweis für seine Harmlosigkeit, für seine Dummheit, für seine kindliche Unberührtheit, daß er so etwas schreiben kann! – Man muß keine Ahnung von Menschenkenntniß besitzen – man muß ein vollständig entseelter Bureaukrat oder ganz nur Beschränktheit sein, um hier moralische Corruption zu wittern! – – Sag' was du willst. Wenn du Melchior in die Correctionsanstalt bringst, dann sind wir geschieden! Und dann laß mich sehen, ob ich nicht irgendwo in der Welt Hülfe und Mittel finde, mein Kind seinem Untergang zu entreißen.

HERR GABOR.
Du wirst dich drein schicken müssen – wenn nicht heute dann morgen. Leicht wird es keinem, mit dem Unglück zu discontiren. Ich werde dir zur Seite stehen, und wenn dein Muth zu erliegen droht, keine Mühe und kein Opfer scheuen, dir das Herz zu entlasten. Ich sehe die Zukunft

so grau, so wolkig – es fehlte nur noch, daß auch du mir verloren gingst.

|65| FRAU GABOR.
Ich sehe ihn nicht wieder; ich sehe ihn nicht wieder. Er erträgt das Gemeine nicht. Er findet sich nicht ab mit dem Schmutz. Er zerbricht den Zwang; das entsetzlichste Beispiel schwebt ihm vor Augen! – Und sehe ich ihn wieder – Gott, Gott, dieses frühlingsfrohe Herz – sein helles Lachen – alles, alles – seine kindliche Entschlossenheit, muthig zu kämpfen für Gut und Recht – o dieser Morgenhimmel, wie ich ihn licht und rein in seiner Seele gehegt als mein höchstes Gut ..... Halte dich an mich, wenn das Unrecht um Sühne schreit! Halte dich an mich! Verfahre mit mir wie du willst! Ich trage die Schuld. – Aber laß deine fürchterliche Hand von dem Kind weg.

HERR GABOR.
Er hat sich vergangen!

FRAU GABOR.
Er hat sich nicht vergangen!

HERR GABOR.
Er hat sich vergangen! – – – Ich hätte alles darum gegeben, es deiner grenzenlosen Liebe ersparen zu dürfen. – – Heute Morgen kommt eine Frau zu mir, vergeistert, kaum ihrer Sprache mächtig, mit diesem Brief in der Hand – einem Brief an ihre fünfzehnjährige Tochter. Aus dummer Neugierde, sagt sie, habe sie ihn erbrochen; das

Mädchen war nicht zu Haus. – In dem Briefe erklärt Melchior dem fünfzehnjährigen Kind, daß ihm seine Handlungsweise keine Ruhe lasse, er habe sich an ihr versündigt &c. &c., werde indessen natürlich für alles einstehen. Sie möge sich nicht grämen, auch wenn sie Folgen spüre. Er sei bereits auf dem Wege Hülfe zu schaffen; seine Relegation erleichtere ihm das. Der einmalige Fehltritt könne noch zu ihrem Glücke führen – und was des unsinnigen Gewäsches mehr ist.

FRAU GABOR.
Unmöglich!!

HERR GABOR.
Der Brief ist gefälscht. Es liegt Betrug vor. Man sucht sich seine stadtbekannte Relegation nutzbar zu machen. Ich habe mit dem Jungen noch nicht gesprochen – aber sieh' bitte die Hand! Sieh' die Schreibweise!

|66| FRAU GABOR.
Ein unerhörtes, schamloses Bubenstück!

HERR GABOR.
Das fürchte ich!

FRAU GABOR.
Nein nein – nie und nimmer!

HERR GABOR.
Um so besser wird es für uns sein. – Die Frau fragt mich händeringend, was sie thun solle. Ich sagte ihr, sie solle

ihre fünfzehnjährige Tochter nicht auf Heuböden herumklettern lassen. Den Brief hat sie mir glücklicherweise dagelassen. – Schicken wir Melchior nun auf ein anderes Gymnasium, wo er nicht einmal unter elterlicher Aufsicht steht, so haben wir in drei Wochen den nämlichen Fall – neue Relegation – sein frühlingsfreudiges Herz gewöhnt sich nachgerade daran. – Sag' mir, Fanny, wo soll ich hin mit dem Jungen?!

FRAU GABOR.
– In die Correctionsanstalt –

HERR GABOR.
In die ... ?

FRAU GABOR.
... Correctionsanstalt!

HERR GABOR.
Er findet dort in erster Linie, was ihm zu Hause ungerechter Weise vorenthalten wurde; eherne Disciplin, Grundsätze, und einen moralischen Zwang, dem er sich unter allen Umständen zu fügen hat. – Im Uebrigen ist die Correctionsanstalt nicht der Ort des Schreckens, den du dir darunter denkst. Das Hauptgewicht legt man in der Anstalt auf Entwicklung einer christlichen Denk- und Empfindungsweise. Der Junge lernt dort endlich, das Gute wollen statt des Interessanten, und bei seinen Handlungen nicht sein Naturell, sondern das Gesetz in Frage ziehen. – – Vor einer halben Stunde erhalte ich ein Telegramm von meinem Bruder, das mir die Aussagen der

Frau bestätigt. Melchior hat sich ihm anvertraut und ihn um 200 Mark zur Flucht nach England gebeten ...

FRAU GABOR *(bedeckt ihr Gesicht).*
5 Barmherziger Himmel!

|67|

VIERTE SCENE.

Correctionsanstalt. – Ein Corridor. – DIETHELM, REINHOLD,
10 RUPRECHT, HELMUTH, GASTON *und* MELCHIOR.

DIETHELM.
Hier ist ein Zwanzigpfennigstück!

15 REINHOLD.
Was soll's damit?

DIETHELM.
Ich leg es auf den Boden. Ihr stellt euch drum herum. Wer
20 es trifft, der hat's.

RUPRECHT.
Machst du nicht mit, Melchior?

25 MELCHIOR.
Nein, ich danke.

HELMUTH.
Der Joseph!

30

GASTON.
Er kann nicht mehr. Er ist zur Recreation hier.

MELCHIOR *(für sich).*
Es ist nicht klug, daß ich mich separire. Alles hält mich im Auge. Ich muß mitmachen – oder die Creatur geht zum Teufel. – – Die Gefangenschaft macht sie zu Selbstmördern. – – Brech ich den Hals, ist es gut! Komme ich davon, ist es auch gut! Ich kann nur gewinnen. – Ruprecht wird mein Freund, er besitzt hier Kenntnisse. – Ich werde ihm die Kapitel von Juda's Schnur Thamar, von Moab, von Loth und seiner Sippe, von der Königin Vasti und der Abisag von Sunem zum Besten geben. – Er hat die verunglückteste Physiognomie auf der Abtheilung.

RUPRECHT.
Ich hab's!

HELMUTH.
Ich komme noch!

GASTON.
Uebermorgen vielleicht!

HELMUTH.
Gleich! – Jetzt! – O Gott, o Gott . . .

ALLE.
Summa – summa cum laude!!

RUPRECHT *(das Stück nehmend).*
Danke schön!

HELMUTH.
5 Her, du Hund!

|68| RUPRECHT.
Du Schweinethier?

10 HELMUTH.
Galgenvogel!!

RUPRECHT *(schlägt ihn in's Gesicht).*
– Da! *(rennt davon).*

15

HELMUTH *(ihm nachrennend).*
Den schlag ich todt!

DIE UEBRIGEN *(rennen hinterdrein).*
20 Hetz, Packan! Hetz! Hetz! Hetz!

MELCHIOR *(allein, gegen das Fenster gewandt).*
– Da geht der Blitzableiter hinunter. – Man muß ein Taschentuch drumwickeln. – Wenn ich an s i e denke,
25 schießt mir immer das Blut in den Kopf. Und Moritz liegt mir wie Blei in den Füßen. – – – Ich gehe zur Redaktion: Bezahlen Sie mich per Hundert; ich kolportire! – sammle Tagesneuigkeiten – schreibe – lokal – – ethisch – – psychophysisch . . . man verhungert nicht mehr so leicht.
30 Volksküche, Café Temperence. – Das Haus ist sechzig Fuß hoch und der Verputz bröckelt ab. . . Sie haßt mich – sie

haßt mich, weil ich sie der Freiheit beraubt. Handle ich, wie ich will, es bleibt Vergewaltigung. – Ich darf einzig hoffen, im Laufe der Jahre allmählig . . . Ueber acht Tage ist Neumond. Morgen schmiere ich die Angeln. Bis
5 Sonnabend muß ich unter allen Umständen wissen, wer den Schlüssel hat. – Sonntag Abend in der Andacht kateleptischer Anfall – will's Gott, wird sonst niemand krank! – Alles liegt so klar, als wär' es geschehen, vor mir. Ueber das Fenstergesims gelang ich mit Leichtigkeit – ein
10 Schwung – ein Griff – aber man muß ein Taschentuch drumwickeln. – – Da kommt der Großinquisitor.

(Ab nach links.)

15 (Dr. Prokrustes *mit einem Schlossermeister von rechts.)*

Dr. Prokrustes.
. . . Die Fenster liegen zwar im dritten Stock und unten sind Brennnesseln gepflanzt. Aber was kümmert sich die Entar-
20 tung um Brennnesseln. – Vergangenen Winter stieg uns einer zur Dachluke hinaus und wir hatten die ganze Scherei mit dem Abholen, Hinbringen und Beisetzen . . .

|69| Der Schlossermeister.
25 Wünschen Sie die Gitter aus Schmiedeeisen.

Dr. Prokrustes.
Aus Schmiedeeisen – und da man sie nicht einlassen kann, vernietet.

30

FÜNFTE SCENE.

Ein Schlafgemach. – FRAU BERGMANN, INA MÜLLER *und Medizinalrath* DR. V. BRAUSEPULVER. – WENDLA *im Bett.*

5 DR. VON BRAUSEPULVER.
Wie alt sind Sie denn eigentlich?

WENDLA.
Vierzehn ein halb.

10

DR. VON BRAUSEPULVER.
Ich verordne die Blaud'schen Pillen seit fünfzig Jahren und habe in einer großen Anzahl von Fällen die eklatantesten Erfolge beobachtet. Ich ziehe sie dem Leberthran
15 und den Stahlweinen vor. Beginnen Sie mit drei bis vier Pillen pro Tag und steigern Sie so rasch Sie es eben vertragen. Dem Fräulein Elfriede, Baronesse von Witzleben, hatte ich verordnet, jeden dritten Tag um eine Pille zu steigern. Die Baronesse hatte mich mißverstanden
20 und steigerte jeden Tag um drei Pillen. Nach kaum drei Wochen schon konnte sich die Baronesse mit ihrer Frau Mama zur Nachkur nach Pyrmont begeben. – Von ermüdenden Spaziergängen und Extramahlzeiten dispensire ich Sie. Dafür versprechen Sie mir, liebes
25 Kind, sich um so fleißiger Bewegung machen zu wollen und ungenirt Nahrung zu fordern, sobald sich die Lust dazu wieder einstellt. Dann werden diese Herzbeklemmungen bald nachlassen – und der Kopfschmerz, das Frösteln, der Schwindel – und unsere schrecklichen
30 Verdauungsstörungen. Fräulein Elfriede, Baronesse von Witzleben, genoß schon acht Tage nach begonnener Kur

ein ganzes Brathühnchen mit jungen Pellkartoffeln zum Frühstück.

|70| FRAU BERGMANN.
Darf ich Ihnen ein Glas Wein anbieten, Herr Medizinalrath?

DR. VON BRAUSEPULVER.
Ich danke Ihnen, liebe Frau Bergmann. Mein Wagen wartet. Lassen Sie sich's nicht so zu Herzen gehen. In wenigen Wochen ist unsere liebe kleine Patientin wieder frisch und munter wie eine Gazelle. Seien Sie getrost. – Guten Tag, Frau Bergmann. Guten Tag, liebes Kind. Guten Tag, meine Damen. Guten Tag.

(Frau BERGMANN *geleitet ihn vor die Thür.)*

INA *(am Fenster).*
– Nun färbt sich eure Platane schon wieder bunt. – Siehst du's vom Bett aus? – Eine kurze Pracht, kaum recht der Freude werth, wie man sie so kommen und gehen sieht. – Ich muß nun auch bald gehen. Müller erwartet mich vor der Post und ich muß zuvor noch zur Schneiderin. Mucki bekommt seine ersten Höschen, und Karl soll einen neuen Tricotanzug auf den Winter haben.

WENDLA.
Manchmal wird mir so selig – alles Freude und Sonnenglanz. Hätt' ich geahnt, daß es Einem so wohl um's Herz werden kann! Ich möchte hinaus, im Abendschein über die Wiesen gehn, Himmelsschlüssel suchen den

Fluß entlang und mich an's Ufer setzen und träumen...
Und dann kommt das Z a h n w e h und ich meine, daß ich
morgen am Tag sterben muß; mir wird heiß und kalt, vor
den Augen verdunkelt sich's, und dann flattert das Unthier
5 herein --- So oft ich aufwache, seh' ich Mutter weinen.
O das thut mir so weh – ich kann's dir nicht sagen, Ina!

INA.
– Soll ich dir nicht das Kopfkissen höher legen?

10

FRAU BERGMANN *(kommt zurück).*
Er meint, das Erbrechen werde sich auch bald geben; und
du sollst dann nur ruhig wieder aufstehn .... Ich glaube
auch, es ist besser, wenn du bald wieder aufstehst, Wendla.

15

|71| INA.
Bis ich das nächste Mal vorspreche, springst du vielleicht
schon wieder im Haus herum. – Leb' wohl, Mutter. Ich
muß durchaus noch zur Schneiderin. – Behüt' dich Gott,
20 liebe Wendla. *(Küßt sie.)* Recht, recht baldige Besserung!

WENDLA.
Leb' wohl, Ina. – Bring' mir Himmelsschlüssel mit, wenn du
wiederkommst. Adieu. Grüße deine Jungens von mir...

25

*(*INA *ab.)*

WENDLA.
Was hat er noch gesagt, Mutter, als er draußen war?

30

FRAU BERGMANN.
Er hat nichts gesagt. – Er sagte, Fräulein von Witzleben habe auch zu Ohnmachten geneigt. Es sei das fast immer so bei der Bleichsucht.

5

WENDLA.
Hat er gesagt, Mutter, daß ich die Bleichsucht habe?

FRAU BERGMANN.
10 Du sollest Milch trinken und Fleisch und Gemüse essen, wenn der Appetit zurückgekehrt sei.

WENDLA.
O Mutter, Mutter, ich glaube, ich habe nicht die Bleich-
15 sucht. ...

FRAU BERGMANN.
Du hast die Bleichsucht, Kind. Sei ruhig, Wendla, sei ruhig; du hast die Bleichsucht.

20

WENDLA.
Nein, Mutter, nein! Ich weiß es. Ich fühl' es. Ich habe nicht die Bleichsucht. Ich habe die Wassersucht. ...

25 FRAU BERGMANN.
Du hast die Bleichsucht. Er hat ja gesagt, daß du die Bleichsucht hast. Beruhige dich, Mädchen. Es wird besser werden.

30 WENDLA.
Es wird nicht besser werden. Ich habe die Wassersucht.

Ich muß sterben, Mutter. – O Mutter, ich muß sterben!

FRAU BERGMANN.
Du mußt nicht sterben, Kind! Du mußt nicht sterben. …
5 Barmherziger Himmel, du mußt nicht sterben!

|72| WENDLA.
Aber warum weinst du dann so jammervoll?

10 FRAU BERGMANN.
Du mußt nicht sterben – Kind! Du hast nicht die Wassersucht. Du hast ein K i n d, Mädchen! Du hast ein Kind! – O warum hast du mir das gethan!

15 WENDLA.
– ich habe dir nichts gethan –

FRAU BERGMANN.
O leugne nicht noch, Wendla! – Ich weiß Alles. Sieh', ich
20 hätt' es nicht vermocht dir ein Wort zu sagen. – Wendla, meine Wendla … !

WENDLA.
Aber das ist ja nicht möglich, Mutter. Ich bin ja doch nicht
25 verheirathet … !

FRAU BERGMANN.
Großer, gewaltiger Gott –, das ist's ja, daß du nicht verheirathet bist! Das ist ja das Fürchterliche! – Wendla, Wendla,
30 Wendla, was hast du gethan!!

WENDLA.
Ich weiß es, weiß Gott, nicht mehr! Wir lagen im Heu. ... Ich habe keinen Menschen auf dieser Welt geliebt als nur dich, Mutter.

5

FRAU BERGMANN.
Mein Herzblatt –

WENDLA.
10 O Mutter, warum hast du mir nicht alles gesagt!

FRAU BERGMANN.
Kind, Kind, laß uns einander das Herz nicht noch schwerer machen! Fasse dich! Verzweifle mir nicht, mein Kind!
15 Einem vierzehnjährigen Mädchen das sagen! Sieh', ich wäre eher darauf gefaßt gewesen, daß die Sonne erlischt. Ich habe an dir nicht anders gethan, als meine liebe, gute Mutter an mir gethan hat. – O laß uns auf den lieben Gott vertrauen, Wendla; laß uns auf Barmherzigkeit hoffen und
20 das unsrige thun! Sieh', noch ist ja nichts geschehen, Kind. Und wenn nur wir jetzt nicht kleinmüthig werden, dann wird uns auch der liebe Gott nicht verlassen. – Sei muthig, Wendla, sei muthig! – – So sitzt man einmal am Fenster und legt die |73| Hände in den Schooß, weil sich
25 doch alles zum Guten gewandt, und da brichts dann herein, daß einem gleich das Herz bersten möchte. ... Wa – was zitterst du?

WENDLA.
30 Es hat geklopft.

FRAU BERGMANN.
Ich habe nichts gehört, liebes Herz. – *(Geht an die Thüre und öffnet.)*

5 WENDLA.
Ach, ich hörte es ganz deutlich. – – Wer ist draußen?

FRAU BERGMANN.
– Niemand – – Schmidt's Mutter aus der Gartenstraße.
10 – – – Sie kommen eben recht, Mutter Schmidtin.

SECHSTE SCENE.

Winzer und Winzerinnen im Weinberg. – Im Westen sinkt die
15 *Sonne hinter die Berggipfel. Helles Glockengeläute vom Thal herauf.* – HÄNSCHEN RILOW *und* ERNST RÖBEL *im höchstgelegenen Rebstück sich unter den überhängenden Felsen im welkenden Grase wälzend.*

20 ERNST.
– Ich habe mich überarbeitet.

HÄNSCHEN.
Laß uns nicht traurig sein. – Schade um die Minuten.
25
ERNST.
Man sieht sie hängen und kann nicht mehr – und morgen sind sie gekeltert.

30 HÄNSCHEN.
Ermüdung ist mir so unerträglich, wie mir's der Hunger ist.

ERNST.
Ach, ich kann nicht mehr.

HÄNSCHEN.
Diese leuchtende Muskateller!

ERNST.
Ich bringe die Elastizität nicht mehr auf.

|74| HÄNSCHEN.
Wenn ich die Ranke beuge, baumelt sie uns von Mund zu Mund. Keiner braucht sich zu rühren. Wir beißen die Beeren ab und lassen den Kamm zum Stock zurückschnellen.

ERNST.
Kaum entschließt man sich, und siehe, so dämmert auch schon die dahingeschwundene Kraft wieder auf.

HÄNSCHEN.
Dazu das flammende Firmament – und die Abendglocken – Ich verspreche mir wenig mehr von der Zukunft.

ERNST.
– Ich sehe mich manchmal schon als hochwürdigen Pfarrer – ein gemüthvolles Hausmütterchen, eine reichhaltige Bibliothek und Aemter und Würden in allen Kreisen. Sechs Tage hat man um nachzudenken und am siebenten thut man den Mund auf. Beim Spazierengehen reichen Einem Schüler und Schülerinnen die Hand, und wenn man nach Hause kommt, dampft der Kaffee, der Topfkuchen wird aufgetragen und durch die Gartenthür

bringen die Mädchen Aepfel herein. – Kannst du dir etwas schöneres denken?

HÄNSCHEN.
Ich denke mir halbgeschlossene Wimpern, halbgeöffnete Lippen und türkische Draperien. – Ich glaube nicht an das Pathos. Sieh', unsere Alten zeigen uns lange Gesichter, um ihre Dummheiten zu bemänteln. Unter einander nennen sie sich Schafsköpfe wie wir. Ich kenne das. – Wenn ich Millionär bin, werde ich dem lieben Gott ein Denkmal setzen. – Denke dir die Zukunft als Milchsette mit Zucker und Zimmt. Der Eine wirft sie und heult, der Andere rührt alles durcheinander und schwitzt. Warum nicht abschöpfen? – Oder glaubst du nicht, daß es sich lernen ließe.

ERNST.
– Schöpfen wir ab!

HÄNSCHEN.
Was bleibt, fressen die Hühner. – Ich habe den Kopf nun schon aus so mancher Schlinge gezogen. ...

ERNST.
Schöpfen wir ab, Hänschen! – Warum lachst du?

HÄNSCHEN.
Fängst du schon wieder an?

|75| ERNST.
Einer muß ja doch anfangen.

HÄNSCHEN.
Wenn wir in dreißig Jahren an einen Abend wie heute zurückdenken, erscheint er uns vielleicht unsagbar schön!

5 ERNST.
Und wie macht sich jetzt alles so ganz von selbst!

HÄNSCHEN.
Warum also nicht!

10

ERNST.
Ist man zufällig allein – dann weint man vielleicht gar.

HÄNSCHEN.
15 Laß uns nicht traurig sein! – *(Er küßt ihn auf den Mund.)*

ERNST *(küßt ihn).*
Ich ging von Hause fort mit dem Gedanken, dich nur eben zu sprechen und wieder umzukehren.

20

HÄNSCHEN.
Ich erwartete dich. – Die Tugend kleidet nicht schlecht, aber es gehören imposante Figuren hinein.

25 ERNST.
Uns schlottert sie noch um die Glieder. – Ich wäre nicht ruhig geworden, wenn ich dich nicht getroffen hätte. – Ich liebe dich, Hänschen, wie ich nie eine Seele geliebt habe. ...

30 HÄNSCHEN.
Laß uns nicht traurig sein! – Wenn wir in dreißig Jahren

zurückdenken, spotten wir ja vielleicht! – Und jetzt ist alles so schön! Die Berge glühen; die Trauben hängen uns in den Mund und der Abendwind streicht an den Felsen hin wie ein spielendes Schmeichelkätzchen. …

SIEBENTE SCENE.

Helle Novembernacht. An Busch und Bäumen raschelt das dürre Laub. Zerrissene Wolken jagen unter dem Mond hin. – MELCHIOR *klettert über die Kirchhofmauer.*

MELCHIOR *(auf der Innenseite herabspringend).*
Hierher folgt mir die Meute nicht. – Derweil sie Bordelle absuchen, kann ich aufathmen und mir sagen, wie weit ich bin. …
|76| Der Rock in Fetzen, die Taschen leer – vor dem Harmlosesten bin ich nicht sicher. – Tagsüber muß ich im Walde weiter zu kommen suchen. …
Ein Kreuz habe ich niedergestampft. – Die Blümchen wären heut' noch erfroren! – Ringsum ist die Erde kahl. …
Im Todtenreich! –
Aus der Dachluke zu klettern war so schwer nicht wie dieser Weg! – Darauf nur war ich nicht gefaßt gewesen. …
Ich hänge über dem Abgrund – alles versunken, verschwunden – O wär' ich dort geblieben!
Warum sie um meinetwillen! – Warum nicht der Verschuldete! – Unfaßbare Vorsicht! – Ich hätte Steine geklopft und gehungert … !
Was hält mich noch aufrecht? – Verbrechen folgt auf Verbrechen. Ich bin dem Morast überantwortet. Nicht so viel Kraft mehr, um abzuschließen. …

Ich war nicht schlecht! – Ich war nicht schlecht! – Ich war nicht schlecht. …
– So neiderfüllt ist noch kein Sterblicher über Gräber gewandelt. – Pah – ich brächte ja den Muth nicht auf! – O, wenn mich Wahnsinn umfinge – in dieser Nacht noch!
Ich muß drüben unter den Letzten suchen! – Der Wind pfeift auf jedem Stein aus einer anderen Tonart – eine beklemmende Symphonie! – Die morschen Kränze reißen entzwei und baumeln an ihren langen Fäden stückweise um die Marmorkreuze – ein Wald von Vogelscheuchen! – Vogelscheuchen auf allen Gräbern, eine gräulicher als die andere – haushohe, vor denen die Teufel Reißaus nehmen.
– Die goldenen Lettern blinken so kalt. … Die Trauerweide ächzt auf und fährt mit Riesenfingern über die Inschrift. …
– Ein betendes Engelskind – Eine Tafel –
|77| Eine Wolke wirft ihren Schatten herab. – Wie das hastet und heult! – Wie ein Heereszug jagt es im Osten empor. – Kein Stern am Himmel –
Immergrün um das Gärtlein? – Immergrün? – – Mädchen …

Und ich bin ihr Mörder. – Ich bin ihr Mörder! – Mir bleibt die Verzweiflung. – Ich darf hier nicht weinen. – Fort von hier. – Fort. –

5 MORITZ STIEFEL *(seinen Kopf unter dem Arm, kommt über die Gräber her).*
Einen Augenblick, Melchior! Die Gelegenheit wiederholt sich so bald nicht. Du ahnst nicht, was mit Ort und Stunde zusammenhängt. ...

10

MELCHIOR.
Wo kommst d u her?!

MORITZ.
15 Von drüben – von der Mauer her. Du hast mein Kreuz umgeworfen. Ich liege an der Mauer. – Gieb mir die Hand, Melchior. ...

MELCHIOR.
20 Du bist nicht Moritz Stiefel!

MORITZ.
Gieb mir die Hand. Ich bin überzeugt, du wirst mir Dank wissen. So leicht wird's dir nicht mehr! Es ist ein seltsam
25 glückliches Zusammentreffen. – Ich bin extra heraufgekommen. ...

|78| MELCHIOR.
Schläfst du denn nicht?

30

MORITZ.
Nicht was ihr Schlafen nennt. – Wir sitzen auf Kirchthürmen, auf hohen Dachgiebeln – wo immer wir wollen. …

MELCHIOR.
Ruhelos?

MORITZ.
Vergnügungshalber. – Wir streifen um Maibäume, um einsame Waldkapellen. Ueber Volksversammlungen schweben wir hin, über Unglücksstätten, Gärten, Festplätze. – In den Wohnhäusern kauern wir im Kamin und hinter den Bettvorhängen. – Gieb mir die Hand. – Wir verkehren nicht untereinander, aber wir sehen und hören alles, was in der Welt vor sich geht. Wir wissen, daß alles Dummheit ist, was die Menschen thun und erstreben, und lachen darüber.

MELCHIOR.
Was hilft das?

MORITZ.
Was braucht es zu helfen? – Wir sind für nichts mehr erreichbar, nicht für Gutes noch Schlechtes. Wir stehen hoch, hoch über dem Irdischen – jeder für sich allein. Wir verkehren nicht miteinander, weil uns das zu langweilig ist. Keiner von uns hegt noch etwas, das ihm abhanden kommen könnte. Ueber Jammer oder Jubel sind wir gleich unermeßlich erhaben. Wir sind mit uns zufrieden und das ist alles! – Die Lebenden verachten wir unsagbar, kaum daß wir sie bemitleiden. Sie erheitern uns mit ihrem

Gethue, weil sie als Lebende thatsächlich nicht zu bemitleiden sind. Wir lächeln bei ihren Tragödien – jeder für sich – und stellen unsere Betrachtungen an. – Gieb mir die Hand! Wenn du mir die Hand giebst, fällst du um vor Lachen über dem Empfinden, mit dem du mir die Hand giebst. ...

ME[L]CHIOR.
Ekelt dich das nicht an?

MORITZ.
Dazu stehen wir zu hoch. Wir lächeln! – An meinem Begräbniß war ich unter den Leidtragenden. Ich habe |79| mich recht gut unterhalten. Das ist Erhabenheit, Melchior! Ich habe geheult wie keiner, und schlich zur Mauer, um mir vor Lachen den Bauch zu halten. Unsere unnahbare Erhabenheit ist thatsächlich der einzige Gesichtspunkt, unter dem der Quark sich verdauen läßt. ... Auch über mich will man gelacht haben, eh' ich mich aufschwang!

MELCHIOR.
– Mich lüstet's nicht, über mich zu lachen.

MORITZ.
... Die Lebenden sind als solche wahrhaftig nicht zu bemitleiden! – Ich gestehe, ich hätte es auch nie gedacht. Und jetzt ist es mir unfaßbar, wie man so naiv sein kann. Jetzt durchschaue ich den Trug so klar, daß auch nicht ein Wölkchen bleibt. – Wie magst du nur zaudern, Melchior! Gieb mir die Hand! Im Halsumdrehen stehst du

himmelhoch über dir. – Dein Leben ist Unterlassungssünde. …

MELCHIOR.
– Könnt ihr vergessen?

MORITZ.
Wir können alles. Gieb mir die Hand! Wir können die Jugend bedauern, wie sie ihre Bangigkeit für Idealismus hält, und das Alter, wie ihm vor stoischer Ueberlegenheit das Herz brechen will. Wir sehen den Kaiser vor Gassenhauern und den Lazzaroni vor der jüngsten Posaune beben. Wir ignoriren die Maske des Komödianten und sehen den Dichter im Dunkeln die Maske vornehmen. Wir erblicken den Zufriedenen in seiner Bettelhaftigkeit, im Mühseligen und Beladenen den Kapitalisten. Wir beobachten Verliebte und sehen sie vor einander erröthen, ahnend, daß sie betrogene Betrüger sind. Eltern sehen wir Kinder in die Welt setzen, um ihnen zurufen zu können: Wie glücklich ihr seid, solche Eltern zu haben! – und sehen die Kinder hingehn und desgleichen thun. Wir können die Unschuld in ihren einsamen Liebesnöthen, die Fünfgroschendirne über die Lectüre Schiller's belauschen. … Gott und den Teufel sehen wir sich vor einander blamiren und hegen in uns das durch nichts zu erschütternde |80| Bewußtsein, daß Beide betrunken sind. … Eine Ruhe, eine Zufriedenheit, Melchior –! Du brauchst mir nur den kleinen Finger zu reichen. – Schneeweiß kannst du werden, eh' sich dir der Augenblick wieder so günstig zeigt!

MELCHIOR.
– Wenn ich einschlage, Moritz, so geschieht es aus Selbstverachtung. – Ich sehe mich geächtet. Was mir Muth verlieh, liegt im Grabe. Edler Regungen vermag ich mich
5 nicht mehr für würdig zu halten – und erblicke nichts, nichts, das sich mir auf meinem Niedergang noch entgegenstellen sollte. – Ich bin mir die verabscheuungswürdigste Cr[e]atur des Weltalls. . . .

10 MORITZ.
Was zauderst du . . . ?

(EIN VERMUMMTER HERR *tritt auf*).

15 DER VERMUMMTE HERR (*zu* MELCHIOR).
Du bebst ja vor Hunger. Du bist gar nicht befähigt, zu urtheilen. – (*Zu* MORITZ) Gehen Sie!

MELCHIOR.
20 Wer sind Sie?

DER VERMUMMTE HERR.
Das wird sich weisen. – (*Zu* MORITZ) Verschwinden Sie! – Was haben Sie hier zu thun? – Warum haben Sie denn
25 den Kopf nicht auf?

MORITZ.
– Ich habe mich erschossen.

30 DER VERMUMMTE HERR.
Dann bleiben Sie doch, wo Sie hingehören. Dann sind Sie

ja vorbei! Belästigen Sie uns hier nicht mit Ihrem Grabgestank. Unbegreiflich – sehen Sie doch nur Ihre Finger an. Pfui Teufel noch mal! Das zerbröckelt schon.

5 MORITZ.
Schicken Sie mich bitte nicht fort. ...

MELCHIOR.
Wer sind Sie, mein Herr??

10

MORITZ.
Schicken Sie mich nicht fort! Ich bitte Sie. Lassen Sie mich hier noch ein Weilchen theilnehmen, ich will Ihnen in nichts entgegensein. – – Es ist unten so schaurig.

15

|81| DER VERMUMMTE HERR.
Warum prahlen Sie denn dann mit Erhabenheit?! – Sie wissen doch, daß das Humbugh ist – saure Trauben! Warum lügen Sie geflissentlich, Sie – Hirngespinnst! –
20 – Wenn Ihnen eine so schätzenswerthe Wohlthat damit geschieht, so bleiben Sie meinetwegen. Aber hüten Sie sich vor Windbeuteleien, lieber Freund – und lassen Sie mir bitte Ihre Leichenhand aus dem Spiel!

25 MELCHIOR.
Sagen Sie mir endlich, wer Sie sind, oder nicht?!

DER VERMUMMTE HERR.
Nein. – Ich mache dir den Vorschlag dich mir anzuver-
30 trauen. Ich würde für's Erste für dein Fortkommen sorgen.

MELCHIOR.
Sie sind – mein Vater?!

DER VERMUMMTE HERR.
5 Würdest du deinen Herrn Vater nicht an der Stimme erkennen.

MELCHIOR.
Nein.

10

DER VERMUMMTE HERR.
– Dein Herr Vater sucht Trost zur Stunde in den kräftigen Armen deiner Mutter. – Ich erschließe dir die Welt. Deine momentane Fassungslosigkeit entspringt deiner
15 miserablen Lage. Mit einem warmen Abendessen im Leib spottest du ihrer.

MELCHIOR *(für sich)*.
Es kann nur e i n e r der Teufel sein! – *(laut)* Nach dem,
20 was ich verschuldet, kann mir ein warmes Abendessen meine Ruhe nicht wiedergeben.

DER VERMUMMTE HERR.
Es kommt auf das Abendessen an! – Soviel kann ich dir sagen,
25 daß die Kleine vorzüglich geboren hätte. Sie war musterhaft gebaut. Sie ist lediglich den Abortivmitteln der Mutter Schmidtin erlegen. – – Ich führe dich unter Menschen. Ich gebe dir Gelegenheit, deinen Horizont |82| in der fabelhaftesten Weise zu erweitern. Ich mache dich ausnahmslos mit
30 allem bekannt, was die Welt Interessantes bietet.

MELCHIOR.
Wer sind Sie? Wer sind Sie? – Ich kann mich einem Menschen nicht anvertrauen, den ich nicht kenne.

5 DER VERMUMMTE HERR.
Du lernst mich nicht kennen, ohne dich mir anzuvertrauen.

MELCHIOR.
10 Glauben Sie?

DER VERMUMMTE HERR.
Thatsache! – Uebrigens bleibt dir ja keine Wahl.

15 MELCHIOR.
Ich kann jeden Moment meinem Freunde die Hand reichen.

DER VERMUMMTE HERR.
20 Dein Freund ist ein Charlatan. Es lächelt keiner, der noch einen Pfennig in baar besitzt; der erhabene Humorist ist das erbärmlichste, bedauernswertheste Geschöpf der Schöpfung!

25 MELCHIOR.
Sei der Humorist, was er sei; Sie sagen, wer Sie sind, oder ich reiche dem Humoristen die Hand!

DER VERMUMMTE HERR.
30 – Nun?!

MORITZ.
Er hat recht, Melchior. Ich habe bramarbasirt. Laß dich von ihm tractiren und nütz' ihn aus. Mag er noch so vermummt sein – er ist es wenigstens!

5

MELCHIOR.
Glauben Sie an Gott?

DER VERMUMMTE HERR.
10 Je nach Umständen.

MELCHIOR.
Wollen Sie mir sagen, wer das Pulver erfunden hat.

15 DER VERMUMMTE HERR.
Berthold Schwarz – alias Constantin Anklitzen – um 1330 Franziskanermönch zu Freiburg im Breisgau.

|83| MORITZ.
20 Was gäbe ich darum, wenn er es hätte bleiben lassen.

DER VERMUMMTE HERR.
Sie würden sich eben erhängt haben!

25 MELCHIOR.
Wie denken Sie über Moral?

DER VERMUMMTE HERR.
Kerl – bin ich dein Schulknabe?!

30

MELCHIOR.
Weiß ich, was Sie sind!!

MORITZ.
Streitet nicht! – Bitte, streitet nicht. Was kommt dabei heraus! – Wozu sitzen wir, zwei Lebendige und ein Todter, Nachts um zwei Uhr hier auf dem Kirchhof beisammen, wenn wir streiten wollen wie Saufbrüder! – Es soll mir ein Vergnügen sein, der Verhandlung mitbeiwohnen zu dürfen – Wenn ihr streiten wollt, nehme ich meinen Kopf unter den Arm und gehe.

MELCHIOR.
Du bist immer noch derselbe Angstmeier!

DER VERMUMMTE HERR.
Das Gespenst hat nicht Unrecht. Man soll seine Würde nicht außer Acht lassen. – Unter Moral verstehe ich das reelle Produkt zweier imaginärer Größen. Die imaginären Größen sind S o l l e n und W o l l e n. Das Product heißt Moral und läßt sich in seiner Realität nicht leugnen.

MORITZ.
Hätten Sie mir das vorher gesagt! – Meine Moral hat mich in den Tod gejagt. Um meiner lieben Eltern willen griff ich zum Mordgewehr. „Ehre Vater und Mutter, auf daß du lange lebest." An mir hat sich die Schrift phänomenal blamirt.

DER VERMUMMTE HERR.
Geben Sie sich keinen Illusionen hin, lieber Freund! Ihre

lieben Eltern wären so wenig daran gestorben wie Sie. Rigoros beurtheilt, würden sie ja lediglich aus gesundheitlichem Bedürfniß getobt und gewettert haben.

5 |84| MELCHIOR.
Das mag soweit ganz richtig sein. – Ich kann Ihnen aber mit Bestimmtheit sagen, mein Herr, daß, wenn ich Moritz vorhin ohne weiteres die Hand gereicht hätte, einzig und allein mein Gewissen die Schuld trüge.

10

DER VERMUMMTE HERR.
Dafür bist du eben nicht Moritz!

MORITZ.
15 Ich glaube doch nicht, daß der Unterschied so wesentlich ist – zum mindesten nicht so zwingend, daß Sie nicht auch mir zufällig hätten begegnen dürfen, verehrter Unbekannter, als ich damals, das Pistol in der Tasche, durch die Erlenpflanzungen trabte.

20

DER VERMUMMTE HERR.
Erinnern Sie sich meiner denn nicht? – Uebrigens ist hier meines Erachtens doch wohl nicht ganz der Ort, eine so tiefgreifende Debatte in die Länge zu ziehen.

25

MORITZ.
Es wird kühl, meine Herren! – Man hat mir zwar meinen Sonntagsanzug angezogen, aber ich trage weder Hemd noch Unterhosen.

30

MELCHIOR.
Leb wohl, lieber Moritz. Wo dieser Mensch mich hinführt, weiß ich nicht. Aber er ist ein Mensch ...

5 MORITZ.
Laß mich's nicht entgelten, Melchior, daß ich dich umzubringen suchte. Es war alte Anhänglichkeit. – Zeitlebens wollte ich nur klagen und jammern dürfen, wenn ich dich nun noch einmal hinausbegleiten könnte!

10

DER VERMUMMTE HERR.
Schließlich hat jeder sein Theil – Sie das beruhigende Bewußtsein, nichts zu haben – du den enervirenden Zweifel an allem. – Leben Sie wohl.

15

MELCHIOR.
Leb wohl, Moritz. Nimm meinen herzlichen Dank, daß du mir noch erschienen. Wie manchen frohen ungetrübten Tag wir nicht mit einander verlebt haben in den
20 vierzehn Jahren! Ich verspreche dir, Moritz, mag nun werden was will, mag ich in den kommenden Jahren zehnmal ein Anderer werden, |85| mag es aufwärts oder abwärts mit mir geh'n, dich werde ich nie vergessen ...

25 MORITZ.
Dank, dank, Geliebter.

MELCHIOR.
... und wenn ich einmal ein alter Mann in grauen Haaren
30 bin, dann stehst gerade du mir vielleicht wieder näher als alle Mitlebenden.

MORITZ.
Ich danke dir. – Glück auf den Weg, meine Herren! – Lassen Sie sich nicht länger aufhalten.

5 DER VERMUMMTE HERR.
Komm Kind! – *(Er legt seinen Arm in denjenigen* MELCHIOR'S *und entfernt sich mit ihm über die Gräber hin.)*

MORITZ *(allein)*.
10 – Da sitze ich nun mit meinem Kopf im Arm. – – Der Mond verhüllt sein Gesicht, entschleiert sich wieder und sieht um kein Haar gescheidter aus. – – So kehre ich denn zu meinem Plätzchen zurück, richte mein Kreuz auf, das mir der Tollkopf so rücksichtslos niedergestampft, und
15 wenn alles in Ordnung, leg ich mich wieder auf den Rücken, wärme mich an der Verwesung und lächle …

Zu dieser Ausgabe

Zur Textgestalt

Das mit dem ungewöhnlichen Untertitel „Eine Kindertragödie" klassifizierte Stück *Frühlings Erwachen* von Frank Wedekind wurde auf der Basis eines 1887 in Zürich skizzierten Entwurfes mit dem Titel *Elins Erweckung* weiterentwickelt und vom Herbst 1890 bis Ostern 1891 in München niedergeschrieben. Es erschien im Spätherbst 1891 mit einem nach Vorgaben des Autors von Franz Stuck (1863–1928) gestalteten Titelblatt und der Reproduktion eines Ölgemäldes der befreundeten Porträt- und Genremalerin Käthe Juncker (1858–1919). Das Bild ist von Wedekinds Hand mit „Frank Wedekind" unterzeichnet. Weder der Erstausgabe noch den späteren Auflagen hat der Autor ein Personenverzeichnis vorangestellt.

Unser Text folgt in Orthographie und Interpunktion zeichengenau der Erstausgabe von 1891. Nur bei offensichtlichen Satzfehlern wurden Eingriffe in den Originaltext vorgenommen (z. B. wurde „konnnte" durch „konnte", „nnter" durch „unter" oder „verfchaffen" durch „verschaffen" ersetzt). Angaben in eckigen Klammern sind Konjekturen, Hinzufügungen bzw. Verdeutlichungen des Herausgebers. Textanordnung (Absätze, Leerzeilen, Zentrierungen etc.) und Schriftgestaltung (Punktgröße, Auszeichnungen usw.) geben, ohne ein Faksimile ersetzen zu wollen, in modifizierter Form die originale Situation wieder. Die Ziffern zwischen den senkrechten Haarstrichen markieren die Paginierung der Erstausgabe.

Glossar

Abortivmittel: Mittel zur Herbeiführung einer Fehlgeburt
Absynth: (griech./lat.) Wermutbranntwein
Ada: holländische Gräfin (1. Hälfte 13. Jh.)
Amnestie: (griech./lat.) Begnadigung, Straferlass
Amor: (lat.) röm. Liebesgott, als geflügelter Knabe dargestellt
Angelique: wahrscheinlich der Name von Hänschen Rilows Kindermädchen
Ariadne: in der griechischen Mythologie die Geliebte des Theseus und spätere Gattin des Dionysos
Atheist: (griech.) Gottesleugner
Atlas: Webstoff mit hochglänzender Oberfläche
Aureole: (lat.) Heiligenschein, der die ganze Gestalt umgibt
Balg: ungezogenes Kind
Beers, Jan van (1852–1927): belgischer Maler
Ballavista [Bellavista]: (ital.) „schöne Aussicht"; oft verwendet als Name für ein Lokal
Bettlade: Bettgestell
Blaubart: Ritter eines französischen Kunstmärchens, der seine sieben Frauen ermordet hat
Blaud'schen Pillen, die: Pillen gegen Blutarmut, erfunden von dem französischen Arzt Paul Blaud (1774–1858)
Bodenhausen, Cuno Freiherr von (1852–?): deutscher Maler
Bouguereau, Adolphe William (1825–1905): französischer Maler

bramarbasirt: geprahlt; abgeleitet von dem Prahler, Großsprecher und Aufschneider Bramarbas (literarische Figur des 18. Jh.s)
Café Temperence: Von Temperenzlern (= Angehörige eines Mäßigkeitsvereins) betriebenes, zumeist alkoholfreies Café
Charybdis: (griech.) gefährlicher Meeresstrudel →Scylla
Coeurdame: (frz.) Herzdame im Kartenspiel
Collegienhefte: Hefte mit Vorlesungsnotizen
Conversationslexikon: alphabetisch geordnetes Nachschlagewerk; →Meyer, der Kleine
Correctionsanstalt: Besserungs- und Erziehungsanstalt
Corregio [Correggio], Antonio Allegri (um 1494–1534): italienischer Maler
Defregger, Franz von (1835–1921): Tiroler Maler
decolletirte: (frz.) tief ausgeschnitten
Demokrit (um 470 bis um 380 v. Chr.): griech. Philosoph
Desdemona: Frau des schwarzen venezianischen Feldherrn Othello; Zitat aus Shakespeares Drama „Othello" (V,2)
disputirten: (von lat. disputare) ein gelehrtes Streitgespräch führen
Diphteritis: (griech.) verfälschender Ausdruck für die Infektionskrankheit Diphtherie
Divan: Liegesofa
Dryade: (griech.) Baumnymphe
Effekten: (lat./frz.) Wertpapiere; hier eher ironisch im Sinne von letzte Habseligkeiten
ekstatisch: (lat.) begeistert; hier in der Bedeutung „außer sich"
enervirenden: (frz.) nervenaufreibenden
Eselsbank: Platz für die schlechtesten Schüler einer Klasse

Etrurien: antike Landschaft; umfasste die heutige Toskana
frivoler: (frz.) schlüpfrig, schamlos, frech
Galathea: (griech.) Meernymphe
Ganymed: Mundschenk und Geliebter des Zeus
Gethsemane: der Ort des Gebets, des Leidens und der Gefangennahme Jesu am Fuße des Ölbergs in Jerusalem
Gouvernante: (lat./frz.) Privaterzieherin
Hemdpasse: (frz.) Schulterstück am Oberhemd
Heliogabalus (218–222): Spätrömischer Kaiser, berühmt wegen seiner Ausschweifungen
Herzklappenaffection: Erkrankung der Herzklappen
Influenza: (lat.) Erkältung, Grippe
Io: Geliebte des Göttervaters Zeus in der griechischen Mythologie
Joseph: der biblische Joseph, der den Verführungen der Frau des Potiphar widerstand; Inbegriff der Keuschheit
Josaphat: alttestamentarischer Ort des Gerichts über die Heiden; hier Metapher für den weiblichen Schoß
Juda's Schnur Thamar … Abisag von Sunem: sexuell aufreizende Bibelgeschichten; →Schnur
K…: vermutlich „Koitus"; →P…
Kanapee: (frz.) Sofa
Kapitäl (Kapitell), korinthisches: oberer, blattförmig verzierter Abschluss einer Säule
kataleptischer Anfall: Starrsuchtsanfall
Kindsmörderin: vermutlich Friedrich Schillers (1759–1805) Gedicht „Die Kindsmörderin" aus der „Anthologie auf das Jahr 1782"
Laßt sie mich euch nicht nennen, keusche Sterne!: Zitat aus Shakespeares Drama „Othello" (V,2)
Lazzaroni: neapolitanischer Bettler

Leda: (griech.) Geliebte des Zeus
Leilich's anatomisches Museum: Schausteller auf dem Jahrmarkt
Linger, Friedrich Wilhelm (1787 bis nach 1844): deutscher Kupferstecher und Radierer
Litze: Band zum Einfassen von Kleidungsstücken
Loni: Koseform von Eleonore
Lossow, Heinrich (1843–1897): deutscher Maler
Lurlei: Loreley; verführerische Wasserfee
Makart, Hans (1840–1884): österreichischer Maler
Mantille: (span.) halblanger Schulterumhang
Matrosentaille: der Matrosenuniform nachgebildetes Mädchenkleid
Mattenklee: (schweiz.) Wiesenklee
Maulschelle: Ohrfeige
Meyer, der Kleine: alphabetisch geordnetes Nachschlagewerk, benannt nach dem Verlagsbuchhändler Joseph Meyer (1796–1856); →Konversationslexikon
Milchsette: Milchnapf
Moritura me salutat!: Die Todgeweihte grüßt mich! Variation der geflügelten lat. Sentenz „Ave, Caesar, morituri te salutant" (= Ave, Caesar, die Todgeweihten grüßen dich!)
Nachtschlumpe: unordentliches, schlotteriges Nachtgewand
Nebuchod-Nosor: (= Nebukadnezar) Chaldäerkönig, der 605 bis 562 v. Chr. in Babylon residierte
P...: vermutlich „Penis"; →K...
Palma Vecchio (um 1480–1528): (eigtl. Jacopo Palma il Vecchio) italienischer Maler
Parallelepipedon: von drei Paaren paralleler Ebenen begrenzter Körper
Partien: finanziell vorteilhafte Heiratsmöglichkeiten

Pedell: Schuldiener, Hausmeister
Pelücheteppich: (frz.) Plüschteppich
Pestalozzi, Johann Heinrich (1746–1827): Schweizer Pädagoge und Schriftsteller
Plötz: Datenwerk zur Weltgeschichte, benannt nach dem Gymnasiallehrer Karl Ploetz (1819–1881)
Poliphem: einäugiger Riese in der griechischen Mythologie (Odyssee)
Priapia: Künstlergesellschaft, benannt nach dem griechischen Fruchtbarkeitsgott Priapos, der mit übergroßem Geschlechtsteil dargestellt wurde
Prinzeßkleidchen: gürtelloses Gesellschaftskleid, benannt nach der Prinzessin Alexandra von England
Primus: (lat.) Klassenerster
Prokrustes: (griech.) wie alle anderen Lehrernamen ein sogenannter „sprechender Name“ in Anlehnung an den Riesen der griechischen Mythologie, der seine Besucher durch Strecken oder Abhacken der Gliedmaßen seinem Gästebett anpasste
promovirt: (lat.) in die nächste Klasse versetzt
Psyche: (griech.) Geliebte des Liebesgottes →Amor
Pyrmont: niedersächsischer Badekurort
Redoute: (frz.) Maskenball
Relegation: (lat.) Verweisung von der Schule
Rentier: (lat./frz.) Rentner; Inhaber fester Einkünfte aus Vermögen
Ridicül: (frz.) gehäkeltes Handtäschchen
Rousseau, Jean-Jacques (1712–1778): französischer Pädagoge und Schriftsteller
Runse: Rinne, Bachbett
Sakerment: Verballhornung des Fluchworts „Sakrament“

Säulenheilige: asketische frühchristliche Mönche
Sassaniden: persisches Herrschergeschlecht (224–651)
Schnak: Geschwätz, Gerede
Schnur: altertümlicher Begriff für Schwiegertochter
Scylla: (griech.) sechsköpfiges Seeungeheuer in einem Felsenriff; „zwischen Scylla und Charybdis“ = Redensart für eine ausweglose Situation; →Charybdis
Snandulia: fiktiver, witzelnder Name
Stahlweine: Weißwein mit Eisenextrakten gegen Blutarmut
Summa cum laude: (lat.) „mit höchstem Lob“; bestes Prädikat bei Doktorprüfungen
Syenitsockel: Unterbau aus körnigem Tiefengestein
Tartarus: der tiefste Teil der Unterwelt in der griechischen Mythologie
Tricot: (frz.) enganliegendes, gewirktes Kleidungsstück
Thumann, Paul Th. (1834–1908): deutscher akademischer Maler
Tunica: (lat.) ärmelloses, vorne offenes Übergewand im antiken Rom
Venus: (lat.) römische Göttin der Liebe
Vergil (70–19 v. Chr.): römischer Dichter
Volants: (frz.) Stoffbesatz an Kleidungsstücken
Volapük, aggluttirenden: künstliche Welthilfssprache mit Konjugationsformen, die durch Anhängen von Affixen gebildet werden; heute von Esperanto verdrängt
Wacht am Rhein, die: deutsches, nationalchauvinistisches Kriegslied
Wetzlarer Kammergerichtes: oberster Gerichtshof des Deutschen Reiches; von 1693–1806 in Wetzlar

Daten zu Leben und Werk Frank Wedekind (1864–1918)

1864–1872 Hannover

1864 Am 24. Juli wird Benjamin Franklin (Frank) Wedekind als zweites von sechs Kindern des Arztes Dr. Friedrich Wilhelm Wedekind (*1816) und der Schauspielerin und Sängerin Emilie Wedekind, geb. Kammerer (*1840) in Hannover geboren. Wedekinds Eltern waren im Frühjahr aus San Francisco, wo sie 1862 geheiratet hatten, nach Deutschland zurückgekehrt. Sie besaßen die amerikanische Staatsbürgerschaft.

1872–1884 Lenzburg

1872 Wedekinds wohlhabender Vater erwirbt die Lenzburg (Kanton Aargau) und übersiedelt mit der Familie im Herbst in die Schweiz.

1879 Eintritt in die Kantonsschule in Aarau.
Erste literarische Versuche meist parodistischer Art.

1884 Im Frühjahr Maturitäts-Examen.

1885–1886 München

1885 Nach einem einsemestrigen Orientierungsstudium in Lausanne geht Wedekind zum Winter-Semester 1884/85 nach München. Auf Wunsch des Vaters studiert er Jura.

1886 Die Bühnenposse *Der Schnellmaler* entsteht (Erstausgabe 1889; Uraufführung 1916).
Freundschaft mit Karl Henckell.
Oktober: Heftige Auseinandersetzungen mit dem Vater wegen der beabsichtigten Beendigung des Jurastudiums, die zum Abbruch der Beziehungen führen.

1886–1888 ZÜRICH

1886 November bis Juli 1887: Vorsteher des Reklame- und Pressebureaus bei Julius Maggi in Kemptthal bei Zürich.

1887 Karl Henckell vermittelt Kontakte zum Zürcher Kreis um Carl und Gerhart Hauptmann. Die „Neue Zürcher Zeitung“ bringt Wedekinds Beiträge *Der Witz und seine Sippe* und *Zirkusgedanken*. Das dramatische Fragment *Elins Erweckung* entsteht.
September: Versöhnung mit dem Vater.

1888 Am 11. Oktober stirbt Wedekinds Vater. Das väterliche Erbe ermöglicht ihm die langersehnte Existenz als freier Schriftsteller.

1889–1891 MÜNCHEN

1889 Da Wedekind in Berlin Schwierigkeiten mit den Meldebehörden bekommt, zieht er Anfang Juli nach München.
Arbeit an dem Lustspiel *Kinder und Narren* (später unter dem Titel *Die junge Welt*; Uraufführung 1908).
Bekanntschaft mit Otto Julius Bierbaum, Oskar Panizza und Hanns von Gumppenberg; Freundschaft mit Willy Rudinoff und Richard Weinhöppel.

1890 Oktober bis Ostern 1891: Niederschrift von *Frühlings Erwachen*.

1891 August: Beginn der Arbeit an der Komödie *Der Liebestrank* (Erstausgabe 1899, Uraufführung 1900).
Ab Mitte September Aufenthalt in Lenzburg.
Oktober: Die Kindertragödie *Frühlings Erwachen* erscheint bei Jean Groß in Zürich.
Dezember: Übersiedlung nach Paris.

1891–1895 PARIS

1892 Häufige Ballett-, Zirkus- und Varietébesuche. Erster Kontakt zu dem abenteuerlichen Kunsthändler und Bilderfälscher Willy Grétor. Ab Sommer arbeitet Wedekind an der „Monstretragödie" *Die Büchse der Pandora* (Urfassung 1990 erschienen).

1894 Januar bis Juni: Aufenthalt in London.

1895–1900 WECHSELNDE AUFENTHALTE

1895 Wedekind bemüht sich in Berlin und München erfolglos um Aufführung seiner Dramen. Im Verlag von Albert Langen erscheint *Der Erdgeist* (Neufassung des ersten Teils von *Die Büchse der Pandora*).
Herbst: Aufenthalt in Lenzburg und Zürich. Wedekind tritt gelegentlich als Rezitator Ibsenscher Dramentexte auf.

1896 Ab März ist Wedekind als Mitarbeiter des von Albert Langen herausgegebenen „Simplicissimus" wieder in München.

1897 Bei Albert Langen erscheint die Prosa- und Lyriksammlung *Die Fürstin Russalka*.
Herbst: Arbeit an dem Einakter *Der Kammersänger*

(Erstausgabe und Uraufführung 1899). Kontakt zur „Litterarischen Gesellschaft“ in Leipzig.

1898 Am 25. Februar erfolgt die Uraufführung der Tragödie *Der Erdgeist* durch die „Litterarische Gesellschaft“ in Leipzig unter der Regie von Carl Heine. Wedekind spielt den Dr. Schön.
März bis Juni: Die anschließende Tournee des „Ibsen-Theaters“ mit (u. a.) der *Erdgeist*-Inszenierung begleitet Wedekind als Schauspieler und Theatersekretär.
Ende Juni: Rückkehr nach München und Engagement als Theatersekretär (Dramaturg), Regisseur und Schauspieler am Münchner Schauspielhaus.
30. Oktober: Flucht in die Schweiz wegen drohender Verhaftung. Wedekind wird als Verfasser des Gedichts *Palästinafahrt* im „Simplicissimus“ wegen Majestätsbeleidigung unter Anklage gestellt.

1899 Juni: Nach Beendigung der Hochstaplerkomödie *Der Marquis von Keith* stellt sich Wedekind den Behörden in Leipzig zur Untersuchungshaft.
3. August: Verurteilung zu sieben Monaten Gefängnis.
21. September: Wedekind wird auf die Festung Königstein verbracht.

1900–1905 MÜNCHEN

1900 Nach der Haftentlassung am 3. März kehrt Wedekind nach München zurück. Im Schauspielhaus spielt er die Titelrolle im *Kammersänger*.

1901 Ende April: Wedekind tritt dem Ensemble des neugegründeten Kabaretts „Die Elf Scharfrichter“ in München bei.

Ab Herbst Arbeit an dem Schauspiel *So ist das Leben* (später *König Nicolo*; Uraufführung am 22. Februar 1902 im Münchner Schauspielhaus).
11. Oktober: Uraufführung des *Marquis von Keith* im Berliner Residenztheater.

1902 Juli: Vorabdruck von *Die Büchse der Pandora* (Neufassung als Fortsetzung von *Der Erdgeist*) in der Zeitschrift „Die Insel"; erste Buchausgabe 1904.
17. Dezember: Berliner Erstaufführung von *Der Erdgeist* im Kleinen Theater mit Gertrud Eysoldt als Lulu und Wedekind als Tierbändiger.

1903 Beginn der Arbeit an *Hidalla oder Sein und Haben* (Erstausgabe 1904; Uraufführung 1905).

1904 Im Intimen Theater in Nürnberg findet am 1. Februar die geschlossene Uraufführung der *Büchse der Pandora* statt.
23. Juli: Beschlagnahme der Erstausgabe der *Büchse der Pandora.*

1905 Durchbruch als Dramatiker und Schauspieler mit der Uraufführung von *Hidalla* am 18. Februar im Münchner Schauspielhaus.

1905–1908 Berlin

1905 In der Berliner Erstaufführung von *Hidalla* im Kleinen Theater am 26. September spielt neben Wedekind ab 27. Oktober die 19jährige Mathilde (Tilly) Newes.

1906 Am 1. Mai heiratet Wedekind Tilly Newes. Beide haben bis 1908 ihren Wohnsitz in Berlin.
2. Mai: Uraufführung des Kurzdramas *Totentanz* im Intimen Theater Nürnberg mit Frank und Tilly Wedekind.

Arbeit an dem Kolportagestück *Musik* (Erstausgabe 1907; Uraufführung 1908).
20. November: Uraufführung von *Frühlings Erwachen* in Berlin unter der Regie von Max Reinhardt.
12. Dezember: Geburt der Tochter Pamela.

1907 Vor dem Hintergrund des 1904–1906 gegen die *Büchse der Pandora* geführten Zensurprozesses schreibt Wedekind den Einakter *Die Zensur* (Erstausgabe 1908; Uraufführung 1909).

1908 Zu Beginn des Jahres entsteht die Satire auf die Kaiserzeit, das Schlüsselstück um das Verlagshaus Albert Langen und die Zeitschrift „Simplicissimus" mit dem Titel *Oaha* (Erstausgabe 1908, Uraufführung 1911).

1908–1918 München

1908 September: Die Familie Wedekind zieht nach München.

1909 Wedekind-Zyklus im Münchner Schauspielhaus.
Beginn der Arbeit an dem Episodendrama *Schloß Wetterstein* (Erstausgabe 1912; die Uraufführung des im Deutschen Reich und in Österreich bis 1919 verbotenen Stücks findet 1917 in Zürich statt).

1911 Am 6. August wird die Tochter Kadidja geboren.

1912 Februar: Aufhebung des Königsberger Verbots von *Frühlings Erwachen* vom November 1910 durch das Oberverwaltungsgericht in Berlin.

1913 Wedekind veröffentlicht die aus den beiden Stücken *Der Erdgeist* und *Die Büchse der Pandora* montierte fünfaktige Fassung der Tragödie *Lulu.*

1914 Juni/Juli: Wedekind-Zyklus in Berlin und in München (bei Kriegsbeginn abgebrochen).

Nach Kriegsbeginn werden Wedekind-Aufführungen von der Zensur für unerwünscht erklärt. November: Arbeitsbeginn an dem Schauspiel *Bismarck* (Erstausgabe 1916; Uraufführung 1926). 29. Dezember: Blinddarmoperation mit zahlreichen Nachoperationen und langsamer Rekonvaleszenz.

1916 Wedekinds Mutter stirbt am 25. März. Arbeit an dem ‚dramatischen Gedicht' *Herakles* begonnen (Erstausgabe 1917; Uraufführung 1919).

1917 Am 8. Januar wird Wedekind erneut operiert. 10. März bis 7. April: Gastspielauftritte in Berlin. Mai bis Oktober: Letzte gemeinsame Gastspiele von Frank und Tilly Wedekind in der Schweiz. 30. November: Selbstmordversuch Tilly Wedekinds.

1918 Am 2. März unterzieht sich Wedekind einer Bruchoperation. 9. März: Tod Frank Wedekinds. 12. März: Beisetzung auf dem Münchner Waldfriedhof.

Frühlings Erwachen

Mit bürgerlichen Konventionen hatte das Elternhaus Frank Wedekinds (1864–1918) nicht allzuviel im Sinn. Gleichwohl bestand sein Vater, ein angesehener, nach Amerika ausgewanderter Arzt, der dort 1862 eine 24 Jahre jüngere Schauspielerin geheiratet hatte, auf einer soliden Ausbildung. Nach der Schulzeit im Kantonalen Gymnasium Aarau in der Schweiz – seine Eltern hatten sich 1872 auf Schloss Lenzburg niedergelassen – begann Wedekind deshalb 1884 eher widerwillig ein Jurastudium in München, das er 1886 aufgab. Darüber kam es zum Bruch mit dem reichen Vater. Wedekind begann daraufhin als Vorsteher des Reklame- und Pressebüros der in Kemptthal bei Zürich gegründeten Firma Julius Maggi zu arbeiten und ohne väterliche Bevormundung seinen literarischen Neigungen nachzugehen.

Durch Gerhart Hauptmann, mit dem er in Zürich verkehrte, lernte Wedekind Georg Büchner und die Dramatiker des Sturm und Drangs schätzen. Für sein erstes großes und seinen Ruhm begründendes Stück *Frühlings Erwachen* eignete er sich deren Dramaturgie der lockeren Szenenreihung, der grotesken Überzeichnung der Figuren und der satirischen Verknappung der dramatischen Situationen an. Mit diesem dramaturgischen Rüstzeug begann Wedekind „ohne irgend einen Plan" persönliche Erlebnisse oder Erfahrungen seiner ehemaligen

Schulkameraden sowie deren von Schule und Elternhaus verständnislos behandelten Pubertätsnöte und -leiden zu Papier zu bringen. „Fast jede Szene", so Wedekind in einem späteren Kommentar zu seinem Stück (*Was ich mir dabei dachte*, 1911), entsprach „einem wirklichen Vorgang".

Dieser Hinweis auf eine ziemlich radikale Ausbeutung seiner Menschen- und Alltagsbeobachtungen mochte Wedekind in den Augen der Kritiker zunächst dem deutschen Naturalismus näher gerückt haben, als ihm lieb sein konnte. Immerhin entschuldigte die naturalistische Perspektive das bis zur Uraufführung durch Max Reinhardt am 20. November 1906 für viele als reine Pornographie geltende Stück, indem sie um den Preis der Verkennung seines erotischen Untertons und seines Humors das Anstößige als notwendige Natürlichkeitsschrulle tolerierte. Dabei war Wedekind selber stets besonders stolz darauf, dass es ihm gelungen sei, seine ernsten Anliegen, seinen einer falschen Sexualmoral gemachten Bühnenprozess nicht als dramatisch-pathetisches Kampfstück formuliert zu haben, sondern als ein von überlegenem Humor getragenes Spiel.

Allerdings war der junge angehende Dichter seinerseits nicht von vornherein frei für diese souveräne Haltung, die in der Figur des „Vermummten Herrn" ihre Verkörperung fand. Erst der Tod des Vaters, der Wedekind durch seinen Anteil am Erbe endgültig eine unabhängige Schriftstellerexistenz sicherte, scheint ihn auch in seiner literarischen Produktion wirklich ‚befreit' zu haben. Da er in Berlin, wo er Anschluß an andere Autoren zu finden hoffte, wegen seiner amerikanischen Staatsangehörigkeit mit den Meldebehörden Schwierigkeiten bekam, ging er wieder – diesmal jedoch nicht als Student, sondern als freier Schriftsteller – nach München. Wedekinds seit 1889 geführtes intimes Tagebuch, das über seine bohèmehafte Kaffeehaus-Existenz unterrichtet, verstummte in München abrupt und mündete im Herbst 1890 in die endgültige Niederschrift von *Frühlings Erwachen.*

Das Stück erzählt die Geschichte der vierzehnjährigen Wendla Bergmann, die aufgrund unterbliebener sexueller Aufklärung schwanger wird und an den Folgen einer von der Mutter als ‚Schande' empfundenen und vertuschten Abtreibung stirbt. Es ist zugleich die Geschichte zweier ungleicher Schulfreunde: Der empfindsame, ängstliche Moritz Stiefel, geht an einer verständnislosen, inhumanen Schul- und Erwachsenenwelt zugrunde. Er begeht Selbstmord. Für diese Verzweiflungstat wird sein Freund Melchior Gabor verantwortlich gemacht, da bei dem Toten eine von Melchior für Moritz verfasste Aufklärungsschrift gefunden wird, die die wahren Schuldigen, die Eltern und die Lehrer, als schamlose Unflätigkeit denunzieren. Der zwar frühreife, aber vernünftig und tolerant erzogene Melchior wird von der Schule relegiert und, als sich herausstellt, dass er an Wendlas Schwangerschaft die Schuld trägt, von seinem auf strenge Pflichterfüllung pochenden Vater in eine Besserungsanstalt gesteckt. Melchiors Flucht aus dem eher einem Gefängnis als einer Erziehungsanstalt gleichenden Institut endet auf dem Friedhof, wo Wendla und Moritz begraben liegen. Der aus dem Grab steigende Moritz, die Verkörperung des Todes, für die Wedekind als Modell die Philosophie Nietzsches wählte, versucht Melchior mit sich fortzuziehen. Ein unerwartet auftretender „Vermummter Herr" dagegen eröffnet Melchior einen Ausblick auf das Leben und verweist Moritz in sein Grab. Dieser Figur, Inkarnation des verführerischen Lebens und von Wedekinds mephistophelisch-amoralischem Humor, ist die „Kindertragödie" gewidmet. Bei der Uraufführung übernahm der Autor persönlich die Rolle des „Vermummten Herrn".

Die Haupthandlung des Stückes wird begleitet von einer lockeren Reihe epischer Kurzszenen, in denen mit psychologischem Scharfblick kindlich-jugendliche Gefühlslagen und -verwirrungen erfasst werden und eine gänzlich entfremdete Schul- und Erwachsenenwelt entlarvt wird. Nicht selten greift Wedekind dabei Szenen der Weltliteratur als Musterfolien auf. So liegt nicht nur dem Schlussbild mit dem „Vermummten Herrn" die Paktszene aus Goethes *Faust I* zugrunde, sondern der stets als besonders anstößig empfundenen Masturbationsszene des Schülers Hänschen Rilow (II,3) unterlegt Wedekind die Passage aus Shakespeares *Othello,* in der dieser seine fälschlicherweise für untreu erachtete Gemahlin Desdemona ermordet (V,2). Neben weiteren literarischen Reminiszenzen an Goethes *Faust* finden sich auch Anklänge an Büchners *Woyzeck* und Anspielungen auf Heinrich Heines *Harzreise.*

Zu Ostern 1891 lag die meisterhafte Pubertätstragödie fertig vor, in der eine alle Naturalismen weit hinter sich lassende, höhere poetische Natürlichkeit regiert. Das Stück ist das „keusche Geständnis" eines Ethikers wider Willen, in dem „ein feines Singen des wachsenden Fleisches" zu hören ist, in dem das „Fleisch ... seinen eigenen Geist" hat.

Bernhard Diebold hat dies Urteil in seinem in den

zwanziger Jahren berühmt gewordenen Buch *Anarchie im Drama* formuliert. Die heftigen Reaktionen auf Wedekinds *Frühlings Erwachen* markieren jedoch, bis es zu dieser gelassenen Einschätzung kommen konnte, eher Punkte auf einer Fieberkurve, die Auskunft von der schweren Geburt der sogenannten „Moderne" gibt. Sie reichen von totaler Ablehnung sowohl beim Publikum wie bei den Zensurbehörden bis zu hymnischer Verehrung durch die jungen Expressionisten, die in Wedekind den Antipoden zu Gerhart Hauptmanns Naturalismus sahen. Zwar gelang es Max Reinhardt fünfzehn Jahre nach der Buchausgabe endlich, den Bann zu brechen und das Stück auf den deutschen Bühnen durchzusetzen, aber in unzensurierter Fassung war das Werk erst nach 1918 möglich. Der Wegfall der Zensur ließ zwar die Premierenzahlen in den zwanziger Jahren stark ansteigen, in den Jahren nach 1945 schien das Interesse an Wedekind und insbesondere an seinem Stück *Frühlings Erwachen* jedoch erschöpft; es galt als historisch überlebt. Erst die radikale Aktualisierung und Transponierung in die Gegenwart, die Peter Zadek 1965 in Bremen leistete, verschaffte, weil sie das emanzipatorische Potential des Textes bestätigte, dem Stück erneute Aufmerksamkeit, die bis heute anhält. Zunehmend wurde die Linie sichtbar, die Wedekinds Werk in die Geschichte des modernen Welttheaters gezeichnet hat: Sie berührt den jungen Brecht und führt bis zum schwarzen Theater Ionescos, Becketts oder Dürrenmatts.

Wedekind verließ nach Abschluss der Niederschrift von *Frühlings Erwachen* Ende 1891 München und ging nach Paris. Dort begann er erneut an seinem intimen Tagebuch zu schreiben. Es gibt Auskunft, wie sich der Autor des „Vermummten Herrn", der Melchior ins verführerische Leben zieht, nun seinerseits bei der Hand nimmt und dem prallen Leben überantwortet. Wenn es dann wiederum an die literarische Ausbeutung dieser Jahre geht, wenn Wedekind an seiner nicht minder umkämpften und umstrittenen „Monstretragödie" *Die Büchse der Pandora* zu schreiben beginnt, schweigt das Tagebuch erneut. Die Verlagerung vom Tagebuch ins Werk macht ihn im Falle der Lulu-Tragödie endgültig zu einem der Väter der Moderne, zu einem der großen Dramatiker dieses Jahrhunderts, von dem er gleichwohl nur die Anfänge erlebte.